AF197713

Magdalena Ptak
Marion Schomer

Deutsch intensiv

Grammatik B1

Das Training.

 Alles Digitale zu diesem Buch kann auf der Lernplattform
allango von Ernst Klett Sprachen abgerufen werden. So geht's:

 QR-Code scannen
oder **www.allango.net**
aufrufen

| Buchtitel oder ISBN in
der Suche eingeben und
auf das Buchcover klicken

| Zum Inhalt navigieren,
direkt abrufen
oder speichern

Ernst Klett Sprachen
Stuttgart

TIPP Hier werden Sie an wichtige Grammatikregeln erinnert.

  Hier wird Grammatik aus der Stufe A2 wiederholt.

 P Übungen mit diesem Zeichen orientieren sich an Prüfungsformaten.

 Zu ausgewählten Themen gibt es zusätzlich Grammatik-Videos online (siehe dazu Seite 1).

1. Auflage   1 ¹³ ¹² ¹¹ ¹⁰ ⁹ | 2029 28 27 26 25

Nachfolger von 978-3-12-605167-5
Alle Drucke dieser Auflage sind unverändert und können im Unterricht nebeneinander verwendet werden.
Die letzte Zahl bezeichnet das Jahr des Druckes. Das Werk und seine Teile sind urheberrechtlich geschützt.
Jede Nutzung in anderen als den gesetzlich zugelassenen Fällen bedarf der vorherigen schriftlichen
Einwilligung des Verlages.

Autoren: Magdalena Ptak, Marion Schomer

Redaktion: Carola Jeschke, Arkadiusz Wróbel
Layoutkonzeption: Greta Gröttrup
Gestaltung und Satz: Datagroup Int, Timişoara
Umschlaggestaltung: Greta Gröttrup
Druck und Bindung: Plump Druck & Medien GmbH, Rheinbreitbach

Printed in Germany
ISBN 978-3-12-675067-7

Inhalt

1 Haupt- und Nebensätze – Was ist richtig? Kreuzen Sie an.

1. Hanna ist glücklich, weil   ⓐ sie heute Geburtstag hat.   ⓑ sie hat heute Geburtstag.

2. Sie hat gesagt, dass   ⓐ ihr gefallen die Geschenke.   ⓑ ihr die Geschenke gefallen.

3. Sie freut sich besonders, wenn   ⓐ ihre Tante aus Wien kommt.   ⓑ ihre Tante kommt aus Wien.

4. Sie hat fünf Freunde eingeladen, weil ⓐ sie wird fünf Jahre alt. ⓑ sie fünf Jahre alt wird.

2 Schreiben Sie Nebensätze mit *weil*.

Büroarbeit

1. Ich kann die E-Mails nicht schicken. Ich habe heute kein Internet.

    Ich kann die E-Mails nicht schicken, ___*weil ich heute kein Internet habe.*_____

2. Der Drucker funktioniert nicht. Das Kabel ist kaputt.

    Der Drucker funktioniert nicht, weil _____.

3. Herr Schröder ist aufgeregt. Er kann seinen Terminkalender nicht finden.

    Herr Schröder ist aufgeregt, weil _____.

4. Ich muss den Text noch einmal schreiben. Ich habe die Datei nicht gespeichert.

    Ich muss den Text noch einmal schreiben, weil _____.

3 Schreiben Sie Nebensätze mit *wenn* oder Hauptsätze.

Reisen

1. Miriam macht Urlaub.

    ___*Wenn Miriam Urlaub macht*_____, fährt sie am liebsten ans Mittelmeer, nach Italien.

2. Sie sucht im Internet. Wenn sie ein schönes Hotel finden will, ___*sucht sie im Internet*_____.

3. Sie bekommt ein gutes Angebot.

    Wenn sie die Reise rechtzeitig bucht, _____.

4. Sie fährt mit dem Zug.

    Wenn _____, kommt sie entspannt in Italien an.

5. Sie trinkt zuerst einen Cappuccino.

    Wenn sie angekommen ist, _____.

6. Sie sammelt Muscheln.

    Wenn Miriam am Strand spazieren geht, _____.

7. Sie steht morgens im Stau.

    Wenn _____, lernt sie immer Italienisch.

4   Ergänzen Sie *weil, deshalb* oder *denn*. Achten Sie auf die Wortstellung.

Stadtbesichtigung

1. Morgens hat es sehr geregnet, ___*deshalb*___ sind wir

   zuerst im Hotel geblieben.

2. Wir hatten keine Schirme dabei, _____

   die Wettervorhersage gut gewesen war.

3. Am Nachmittag haben wir einen Stadtrundgang gemacht,

   _____ das Wetter besser geworden war.

4. Wir waren ganz begeistert, _____ unsere

   Stadtführerin hat uns viel gezeigt und lustige Geschichten erzählt.

5. Auf jeden Fall wollen wir noch ins Kunstmuseum, _____ moderne Kunst interessiert uns sehr.

6. Wir bleiben noch zwei Tage, _____ haben wir noch genug Zeit dafür.

5   Ergänzen Sie *weil* oder *deshalb* und schreiben Sie die Sätze zu Ende.

Einkäufe

1. Manchmal muss Simon noch am Abend einkaufen, ___*deshalb kommt er spät nach Hause*___ .
   (Er kommt spät nach Hause.)

   Manchmal muss Simon noch am Abend einkaufen, ___*weil er am Tag keine Zeit hat*___ .
   (Er hat am Tag keine Zeit.)

2. Tim gibt viel Geld für Bücher aus, _____ .
   (Er braucht ein neues Bücherregal.)

   Tim gibt viel Geld für Bücher aus, _____ .
   (Literatur ist sein Hobby.)

3. Leandra braucht neue Laufschuhe, _____ .
   (Sie trainiert für einen Marathon.)

   Leandra braucht neue Laufschuhe, _____ .
   (Sie geht in ein Sportgeschäft.)

4. An den Kassen stehen viele Leute, _____ .
   (Alle wollen vor den Feiertagen einkaufen.)

   An den Kassen stehen viele Leute, _____ .
   (Wir müssen sehr lange warten.)

5. Herr Lorz kauft nur eine Milch, _____ .
   (Er nimmt keinen Einkaufswagen.)

   Herr Lorz kauft nur eine Milch, _____ .
   (Er hat gestern die Milch vergessen.)

6 Ergänzen Sie *weil, dass, wenn* und *deshalb*.

Liebe Tanja,

ich möchte dir und deiner Familie herzliche Grüße senden. Ich schreibe dir erst jetzt, (1) ___weil___

ich in den letzten Tagen kein Internet hatte. (2) _____ konnte ich meine E-Mails nicht lesen und

konnte keine E-Mails schicken. Ich hoffe, (3) _____ sich das Problem nicht wiederholt.

Aus meinem geplanten Urlaub an der Nordsee ist leider nichts geworden, (4) _____ sich meine

Oma das Bein gebrochen hat und nun seit einer Woche in der Klinik liegt. (5) _____ sie wieder zu

Hause ist, muss ich mich um sie kümmern. Sie meint, (6) _____ sie keine Hilfe braucht, aber ich

glaube, (7) _____ es für sie schon einfacher wäre. Sie wird ja bald 80.

Heute schreibe ich nur ganz kurz, (8) _____ ich noch viel zu tun habe, aber ich freue mich sehr,

(9) _____ du mich im Mai besuchst. (10) _____ du kommst, kann ich mehr

erzählen und dir meine neuen Projekte zeigen.

Liebe Grüße und bis bald
Martina

7 W-Fragen

a Ergänzen Sie das Fragewort.

1. Annika hat morgen Geburtstag.   ___Wer_____ hat morgen Geburtstag?

2. Sie wird 17 Jahre alt.   _____ alt wird sie?

3. Ihre Freunde planen eine Überraschungsparty.   _____ planen ihre Freunde?

4. Die Party beginnt um 18 Uhr.   _____ beginnt die Party?

5. Sie findet im Jugendtreff statt.   _____ findet sie statt?

6. Zwanzig Gäste sind eingeladen.   _____ Gäste sind eingeladen?

b Schreiben Sie jetzt indirekte W-Fragen.

1. Ich weiß nicht, ___wer morgen Geburtstag hat._____

2. Weißt du, _____?

3. Hast du eine Ahnung, _____?

4. Kannst du mir sagen, _____?

5. Ich weiß auch nicht, _____.

6. Weißt du auch, _____?

8   Relativsätze – Ergänzen Sie das richtige Relativpronomen.

Wohnungssuche

1. Ich suche eine Wohnung, _die_ im Zentrum liegt.

2. Ein Makler, _____ ich angerufen habe, hat mir

   zwei Wohnungen angeboten.

3. In den Anzeigen im Internet, _____ ich gelesen

   habe, habe ich auch zwei interessante Angebote gefunden.

4. Zum ersten Besichtigungstermin, _____ heute

   Nachmittag um 15 Uhr stattfindet, kommt ein Freund von mir mit.

5. Die zweite Wohnung, _____ ich besichtigen kann, hat sogar einen Balkon.

6. Die beiden Wohnungen, _____ ich im Internet gefunden habe, kosten weniger Miete.

7. Das Geld, _____ ich dabei spare, könnte ich für andere Dinge ausgeben.

8. Hoffentlich hilft mir mein Freund, _____ ich schon lange kenne und _____

   mich auch gut kennt, mich richtig zu entscheiden!

9   Verbinden Sie die Sätze mit Relativsätzen.

Kultur

1. Das ist ein tolles Buch. Ich habe es schon dreimal gelesen.

   Das ist ein tolles Buch, _das ich schon dreimal gelesen habe._

2. Findet die Ausstellung in der Kunstgalerie statt? Du organisierst sie.

   Findet die Ausstellung, _____,

   in der Kunstgalerie statt?

3. Das Museum sammelt Zeichnungen aus dem 18. Jahrhundert. Sie besuchen es morgen.

   Das Museum, _____, sammelt

   Zeichnungen aus dem 18. Jahrhundert.

4. Gefallen dir die Plakate? Sie hängen überall in der Stadt.

   Gefallen dir die Plakate, _____?

5. Der Filmkritiker schreibt für unsere Tageszeitung. Du hast ihn gestern kennengelernt.

   Der Filmkritiker, _____, schreibt

   für unsere Tageszeitung.

10 Artikelwörter – Pronomen – Indefinita: Welches Wort passt?

Überraschung

> alle • alles • den • die • die • du • ein • eines • ~~etwas~~ • jeden • kein • man • meinem • mir
> • niemand • was für eines

● Stell dir vor, ich habe mir (1) _etwas_ gekauft, das ich schon lange haben wollte!

○ Was denn? Mach (2) _____ solches Geheimnis daraus!

● Ich habe die letzten Jahre (3) _____ Euro gespart und gestern war es so weit: Ich habe mir …

   (4) _____ Motorrad gekauft!

○ Wow! Ich weiß, dass du schon vor drei Jahren (5) _____ Führerschein gemacht hast.

   Und (6) _____ ist es denn? Für die Straße oder eher für das Gelände?

● (7) _____ für die Straße. Ich möchte in (8) _____ Urlaub irgendwohin fahren, egal wohin.

   Nur fahren und dabei (9) _____ anschauen: (10) _____ Gegend, (11) _____

   Leute … Bleiben, wenn es (12) _____ gefällt. Und (13) _____ sagt mir, dass ich weiter muss.

○ Da werden dich (14) _____ beneiden!

● Du weißt, (15) _____ kann auch zu zweit fahren … Möchtest (16) _____ mitkommen?

11 Adjektive – Ergänzen Sie die Endungen.

Rund um die Kleidung

1. Wie findest du den grün_en_ Rock?

2. Das modisch_____ Kleid habe ich in der klein_____ Boutique am Marktplatz gekauft.

3. Hast du einen neu_____ Mantel?

4. Warst du gestern in der Oper? Ich habe dich in einem lang_____, schick_____ Kleid gesehen.

5. Meine groß_____ Tochter trägt nur blau_____ Hosen und T-Shirts, die klein_____ hat am liebsten gelb_____

   Sachen an.

6. Im Theater kann man manchmal alt_____ Kostüme oder besonder_____ Kleidung ausleihen.

12 Adjektive – Ergänzen Sie die Endungen.

Ein netter Abend

● Erzähl mal, wie war der Abend gestern?

○ Oh, ich muss dir sagen, das war ein ganz (1) nett_er_ Abend. Wir waren in einem

   (2) elegant_____ Lokal mit (3) freundlich_____ Bedienung und (4) gut_____ Musik.

● Meinst du das (5) bekannt_____ Restaurant auf dem Schlossberg?

○ Ja, genau. Außerdem hat man von dort eine (6) wunderschön_____ Aussicht auf die (7) ganz_____ Stadt.

● Richtig, ich weiß, ich war auch mal dort mit meinem (8) neu_____ Freund.

○ Vielleicht habe ich ja auch bald einen (9) neu_____ Freund …

13 Komparativ – Ergänzen Sie die richtige Form.

Vorlieben

1. Ingo mag Bücher _lieber_ (gern) als Filme.

2. Antje schmeckt das Essen zu Hause _____ (gut)

   als im Restaurant.

3. Für Marion ist Schweden _____ (interessant)

   als die USA.

4. Semir isst gern Süßes: viel Kuchen und noch _____ (viel) Eis.

5. Christian hört Musik gern _____ (laut) als seine Familie.

6. Olivia kann _____ (schnell) laufen als ihre große Schwester.

7. Peter fährt _____ (gern) in die Berge als ans Meer.

14 Wechselpräpositionen: Ort (Dativ) oder Richtung (Akkusativ) – Ergänzen Sie die Präposition und Artikel im Dativ oder Akkusativ.

Beim Auspacken

1. ● Alex, was hast du mit den Flaschen gemacht?

   ○ Ich habe sie schon _in den_ Keller gebracht.

   ● Ich kann sie aber nicht finden.

   ○ Sie stehen _z_____ Waschmaschine und _____ Trockner.

2. ● Claudia, wohin soll ich die schwere Einkaufstasche stellen?

   ○ Sei so nett, und stell sie _a_____ Tisch _i_____ Küche.

   Ich packe sie dann aus.

3. ● Sind die Säfte noch _i_____ Kofferraum?

   ○ Ja, aber ich stelle sie gleich _i_____ Kühlschrank.

   ● Nein, nein, _i_____ Kühlschrank ist kein Platz. Stell sie lieber _i_____

   Keller.

4. ● Hier ist noch eine Tasche mit Putzmitteln. Soll ich sie _i_____ Garage lassen?

   ○ Nein, bring das alles bitte _i_____ Bad. Und vergiss nicht, dass die Autoschlüssel

   immer noch _a_____ Fahrersitz liegen.

   ● Da habe ich sie nicht gesehen. Aber vielleicht sind sie ja _u_____ Sitz gefallen.

15 P Ergänzen Sie die Präpositionen im Text.

Liebe Inka,

vielen Dank ____1____ deine E-Mail. Ich habe mich echt gefreut,

als ich sie ____2____ meiner Mailbox gesehen habe.

Ich wollte mich schon ____3____ der letzten Woche melden,

aber da war ich noch ____4____ meinem Umzug sehr beschäftigt.

Wie du ja weißt, bin ich ____5____ eine größere Wohnung um-

gezogen. Die liegt zwar ein bisschen weiter weg ____6____

Zentrum, dafür sind die Verbindungen viel günstiger. Ich muss

nur ____7____ die Straße gehen, und dann sind es nicht einmal

100 Meter ____8____ U-Bahn. Da bin ich wirklich viel schneller

____9____ der Uni.

Es gibt noch einen Vorteil: Da meine Wohnung ____10____ Dachgeschoss liegt, habe ich eine schöne Aussicht

____11____ die Gegend. ____12____ meinem Küchenfenster sehe ich zum Beispiel die vielen kleinen Cafés

____13____ der Fußgängerzone.

Der einzige Nachteil ist der Preis. Ich muss jetzt mehr Miete bezahlen, aber ich hoffe, das geht noch. Wenn nicht,

suche ich mir einen Job, am liebsten ____14____ der Nähe der Uni.

Ah, es gibt noch etwas. Gegenüber wohnt ein Musiker. Ich habe ihn schon ein paar Mal gesehen, wenn er

____15____ den Lift gestiegen ist. Und oft gehört: Er spielt Saxophon ____16____ einer Jazzband. Toll, oder?

Wenn du ihn hören willst ☺ oder auch nur mich besuchen willst, komm doch mal vorbei! Ich freue mich darauf!

Bis dahin viele Grüße
Jule

1. a für
   b hinter
   c vor

2. a auf
   b aus
   c in

3. a bis
   b mit
   c seit

4. a für
   b mit
   c zu

5. a in
   b nach
   c um

6. a bis zum
   b vom
   c vor dem

7. a durch
   b gegenüber
   c über

8. a ab der
   b bis zur
   c von der

9. a bei
   b in
   c neben

10. a im
    b über dem
    c zwischen dem

11. a durch
    b in
    c über

12. a Aus
    b Durch
    c Mit

13. a an
    b bei
    c in

14. a aus
    b in
    c für

15. a für
    b in
    c nach

16. a aus
    b in
    c neben

16 [P] Ergänzen Sie die richtige Verbform im Text.

Lieber Tobi, ✉@

eigentlich _____1_____ ich mich schon lange bei dir melden, aber ich _____2_____ so wenig Zeit. Mein Projekt _____3_____

fertig werden und es _____4_____ noch einiges daran zu machen. Nicht einmal an meinem Geburtstag _____5_____

ich frei machen! (Danke für deine Glückwünsche auf der Mailbox, ich _____6_____ leider im Büro.) Aber am letzten

Montag haben wir die Unterlagen _____7_____, langsam _____8_____ die Arbeit weniger. Außerdem ist es diese

Woche bei uns sehr heiß, deshalb sitze ich gern in meiner kühlen Wohnung und schreibe dir endlich.

Heute _____9_____ glücklicherweise auch die letzte Besprechung ausgefallen. Da bin ich sofort ins Freibad

_____10_____. Dort war richtig viel los, aber ich habe auch Bekannte aus unserer Studienzeit _____11_____: Tina

und Theo. Die kennst du doch auch, oder?

_____12_____ du schon etwas von Anja gehört? Sie wollte das Treffen im November _____13_____. Würdest du

kommen? Für dich _____14_____ es ja von London eine weite Reise … Wenn du kommst, dann _____15_____ du

vielleicht ein paar Tage länger bleiben und wir _____16_____ mal wieder richtig Zeit zusammen. Du _____17_____

natürlich auch bei mir wohnen. Was meinst du?

Ich _____18_____ mich auf jeden Fall sehr freuen. Nicht immer nur skypen und _____19_____,sondern richtig

miteinander reden!

_____20_____ dich bitte, wenn du mehr weißt.

Bis bald und viele Grüße
Jonas

1. [a] konnte
   [b] musste
   [c] wollte

2. [a] habe gehabt
   [b] hatte
   [c] hätte

3. [a] konnte
   [b] musste
   [c] wollte

4. [a] gab
   [b] gebe
   [c] gibt

5. [a] darf
   [b] kann
   [c] konnte

6. [a] bin
   [b] habe
   [c] war

7. [a] abgab
   [b] abgeben
   [c] abgegeben

8. [a] hat
   [b] ist
   [c] wird

9. [a] hat
   [b] ist
   [c] war

10. [a] gegangen
    [b] gehen
    [c] ging

11. [a] getroffen
    [b] traf
    [c] treffen

12. [a] Bist
    [b] Hast
    [c] Seid

13. [a] organisieren
    [b] organisiert
    [c] organisierte

14. [a] ist
    [b] war
    [c] wäre

15. [a] kanntest
    [b] könntest
    [c] müsstest

16. [a] haben
    [b] hatten
    [c] hätten

17. [a] kannst
    [b] konntest
    [c] musstest

18. [a] werde
    [b] wurde
    [c] würde

19. [a] gemailt
    [b] maile
    [c] mailen

20. [a] Melde
    [b] Melden
    [c] Meldet

1 ⤴ Nebensätze mit *dass, weil, wenn*

▶ Hauptsatz und Nebensatz: Grammatik A2 Intensivtrainer NEU/Deutsch intensiv, Seite 10

1   Was passt zusammen? Ordnen Sie zu.

Das Konzert

1. In der Zeitung steht,   _____   a) wenn man will.

2. Die Organisatoren versprechen,   _____   b) weil er Fan von elektronischer Musik ist.

3. Man kann das Geld für die Konzertkarten   *1.*   c) dass der Musiker das Konzert heute
   zurückbekommen,   abgesagt hat.

4. Bastian hat sich sehr auf das Konzert gefreut,   _____   d) wenn er ein bisschen Geld hat.

5. Er kauft sich immer CDs mit dieser Musik,   _____   e) dass das Konzert zu einem anderen Termin
                                                            stattfindet.

2   Nebensätze – Ergänzen Sie *dass, weil, wenn*.

1. Es tut mir leid, *dass* ich nicht zur Party kommen kann.

2. Ich rufe dich an, _____ ich etwas brauche.

3. Ich hoffe, _____ ihr gut angekommen seid.

4. Der Professor hat sich verspätet, _____ er sehr lange im Stau gestanden hat.

5. Mascha ärgert sich immer, _____ sie keinen Parkplatz finden kann.

6. Der Unfall ist passiert, _____ der Busfahrer kurz eingeschlafen ist.

7. Es freut mich sehr, _____ wir uns heute Abend treffen.

8. Kevin hat wenig Zeit, _____ er neben dem Studium jobbt.

3   Schreiben Sie die Sätze ins Heft. Markieren Sie das Verb im Hauptsatz.

Wetter und Freizeit

1. wenn / das Wetter / schön sein / , / man / draußen / sitzen können / .

2. das Picknick / heute / ausfallen / , / weil / es / regnen / .

3. ich / finden / , / dass / es / geben / genug Schnee zum Skifahren / .

4. wenn / die Sonne / scheinen / , / es / sein / angenehm warm / .

5. Luca / erzählen / , / dass / es / sein / gestern / sehr windig / .

6. weil / es / sein / Winter / , / es / sein / morgens / noch dunkel / .

> 1. *Wenn das Wetter schön ist, ...*

4 Ergänzen Sie *weil*. Markieren Sie das Verb im Nebensatz.

Gewohnheiten

1. Erhan macht immer zuerst Mathematikhausaufgaben, _weil er das am besten kann._
(er / können /das / am besten)

2. Julia liest nur Abenteuerromane, _____.
(sie / lieben / spannende Geschichten)

3. Timo hat immer einen Regenschirm dabei, _____.
(er / haben / mögen / keine / nassen Haare)

4. Adrian isst viel Obst und Gemüse, _____.
(er / mögen / gesund leben)

5. Indira fährt immer mit dem Fahrrad zur Arbeit, _____.
(sie / wollen / fit / bleiben)

6. Christiane sieht abends gern fern, _____.
(sie / können / so / gut / entspannen)

5 Schreiben Sie Antworten. Verbinden Sie die beiden Sätze mit *dass, weil, wenn.*

Im Büro

1. ● Entschuldigung, wie kann ich hier etwas kopieren?

   ○ Sie müssen den Code eingeben.

   Wenn Sie hier etwas kopieren möchten, müssen Sie den Code eingeben.

2. ● Warum bist du so fröhlich?

   ○ Ich habe gerade ein Problem gelöst.

3. ● Warum hat das so lange gedauert?

   ○ Ich konnte die Datei nicht öffnen.

4. ● Wo kann ich hier zu Mittag essen?

   ○ Gehen Sie doch mit uns in die Kantine.

5. ● Was hat Bernd über das Meeting erzählt?

   ○ Er hat dort interessante Leute kennengelernt.

6. ● Warum arbeitet Ina nicht gern zu Hause?

   ○ Sie braucht den Kontakt mit Kollegen.

7. ● Sind alle Mitarbeiter informiert?

   ○ Ja. Der Plan muss bis Monatsende fertig sein.

2 Indirekte Fragen: mit W-Wort und mit *ob*

Das kennen Sie schon:

W-Fragen: *Wie, wann, warum ...*?

Wie ⟨funktioniert⟩ das Gerät?

Wann ⟨fängt⟩ die Vorlesung ⟨an⟩?

Wer ⟨kommt⟩ morgen zu Besuch?

Indirekte W-Frage (Nebensatz)

Verstehst du, **wie** das Gerät ⟨funktioniert⟩?

Er hat gefragt, **wann** die Vorlesung ⟨anfängt⟩.

Er will wissen, **wer** morgen zu Besuch ⟨kommt⟩.

> Indirekte W-Fragen beginnen mit dem W-Wort. Das konjugierte Verb steht immer am Ende des Nebensatzes.

Das ist neu:

Ja/Nein-Fragen

⟨Hält⟩ der Bus am Bahnhof?

⟨Darf⟩ man hier ⟨parken⟩?

⟨Kommt⟩ der Zug pünktlich ⟨an⟩?

⟨Sind⟩ alle ⟨eingestiegen⟩?

Nebensätze mit *ob*

Sie fragt, **ob** der Bus am Bahnhof ⟨hält⟩.

Ich weiß nicht, **ob** man hier ⟨parken darf⟩.

Können Sie mir sagen, **ob** der Zug pünktlich ⟨ankommt⟩?

Der Reiseleiter prüft, **ob** alle ⟨eingestiegen sind⟩.

> Indirekte Ja/Nein-Fragen beginnen mit *ob*. Das konjugierte Verb steht immer am Ende des Nebensatzes.

1 Indirekte W-Fragen: Ergänzen Sie die Sätze.

Touristen in der Stadt

1. Aus welchem Jahrhundert ist der Dom?

2. Wo kann man hier Fahrscheine kaufen?

3. Wie kommt man am besten zum Nationalmuseum?

4. Um wie viel Uhr schließen die Geschäfte?

5. Welche Buslinie fährt ins Zentrum?

6. Wie lange hat das Kunstmuseum geöffnet?

7. Wie weit ist es vom Hotel bis zur Altstadt?

1. Die Frau hat gefragt, *aus welchem Jahrhundert der Dom ist.* _____

2. Der Mann will wissen, _____.

3. Das Ehepaar möchte wissen, _____.

4. Die Mädchen interessieren sich dafür, _____.

5. Der junge Mann fragt, _____.

6. Die Reisegruppe erkundigt sich, _____.

7. Die Familie fragt, _____.

2   Indirekte W-Fragen. Bilden Sie Sätze.

Beim Immobilienmakler

1. ich / wissen / möchten / , / die Wohnung / ab wann / frei sein

2. Sie / mir / sagen / können / , / die Nebenkosten / wie hoch / sein

3. ich / fragen / dürfen / , / früher / in der Wohnung / wer / gewohnt haben

4. Sie / mir / bitte / sagen / , / das Gebäude / wie viele / Stockwerke / haben

5. ich / noch / fragen / möchten / , / man / die Wohnung / wann / besichtigen / können

1. Ich möchte wissen, ab wann die Wohnung frei ist.

3   Ergänzen Sie das richtige Fragewort oder *ob*.

ob • ob • ob • ob • ob • ob • was • was • was • ~~wie~~ • wie • wie

Liebe Anna,

zuerst möchte ich fragen, (1) __wie__ es dir geht. Entschuldige bitte, dass ich mich nach dem Umzug so lange

nicht gemeldet habe. Ich weiß gar nicht, (2) _____ du meine neue Adresse hast.

Mir geht es hier gut, die neuen Nachbarn sind nett. Da sie aber erfahren haben, dass ich aus Australien komme,

sind sie sehr interessiert und wollen vieles wissen, zum Beispiel (3) _____ die Menschen dort leben,

(4) _____ sie gern essen, (5) _____ man wirklich Kängurus sehen kann usw. Manche verstehen nicht,

(6) _____ man Weihnachten am Strand feiern kann, oder fragen sich, (7) _____ man nicht immer Angst

vor giftigen Tieren haben muss.

Die Leute fragen mich auch, (8) _____ ich Heimweh habe und (9) _____ ich wieder in meine Heimat

zurückkehren möchte. Manchmal weiß ich wirklich nicht, (10) _____ ich auf die Fragen antworten soll.

Wie geht es dir? Ich bin nicht sicher, (11) _____ du mit deiner Diplomarbeit fertig bist und schon weitere Pläne

machst. Vielleicht hast du Zeit für eine kurze Nachricht an mich oder für ein Treffen. Ich würde mich freuen.

Liebe Grüße

Sienna

4   Schreiben Sie die Sätze zu Ende.

In der Arbeit

1. Herr Jakobi: „Muss ich morgen noch einmal kommen?"

   Herr Jakobi hat gefragt, ob er morgen noch

   einmal kommen muss.

2. Die Sekretärin: „Kann man die Klimaanlage ausschalten?"

   Die Sekretärin fragt, _____.

3. Frau Sanders: „Kennt jemand den neuen Abteilungsleiter?"

   Frau Sanders ist neugierig, _____.

4. Tizian: „Hat sich Lars bei GERMANOS beworben?"

   Tizian möchte wissen, _____.

5. Herr Schilling: „Ist das Treffen für mich sehr wichtig?"

   Herr Schilling will wissen, _____.

6. Frau Pappenberg: „Habt ihr die Akten schon geprüft?"

   Frau Pappenberg fragt ihre Kollegen, _____.

7. Svenja: „Muss ich immer Wochenenddienst machen?"

   Svenja fragt, _____.

5   Ordnen Sie die Fragen (R = Rezeptionist, G = Gast) zu und schreiben Sie indirekte Fragen.

Hotelbuchung

1. _G_ Sind am Wochenende noch Zimmer frei?

2. _____ Wie viel kostet ein Zweibettzimmer pro Nacht?

3. _____ Auf welchen Namen soll ich das Zimmer buchen?

4. _____ Möchten Sie ein Zimmer mit Seeblick?

5. _____ Ist das Frühstück inbegriffen?

6. _____ Kann ich mit Kreditkarte bezahlen?

7. _____ Wann reisen Sie an?

8. _____ Wie lange wollen Sie bleiben?

Der Rezeptionist möchte wissen,

_____

_____

_____

_____

Der Gast möchte wissen,

ob am Wochenende noch Zimmer frei sind.

_____

_____

_____

3 Nebensätze mit *da* und *obwohl*

Das kennen Sie schon:

Hauptsatz

Telefonieren ist beim Autofahren verboten.

Hauptsatz

Telefonieren ist beim Autofahren verboten,

Hauptsatz

Das (kann) einen Unfall verursachen.

Nebensatz

weil das einen Unfall verursachen (kann).

Das ist neu:

Hauptsatz

Der ICE (ist) teuer.

Nebensatz

Da der ICE teuer (ist),

Auch:

Hauptsatz

Ich suche nach einer anderen Verbindung,

Hauptsatz

Ich (suche) nach einer anderen Verbindung.

Hauptsatz

(suche) ich nach einer anderen Verbindung.

Nebensatz

da der ICE teuer (ist).

> Nebensätze mit *da* geben, ebenso wie Nebensätze mit *weil*, einen Grund an. Das konjugierte Verb steht am Satzende. Der Nebensatz kann vor oder hinter dem Hauptsatz stehen. Die Position vor dem Hauptsatz ist bei *da* häufiger. Achtung: Im Hauptsatz steht dann das Verb auf Position 1.

Hauptsatz

Der Politiker ist nicht gekommen.

Hauptsatz

Der Politiker ist nicht gekommen,

Nebensatz

Obwohl alle auf den Politiker (gewartet haben),

Hauptsatz

Alle (haben) auf ihn (gewartet).

Nebensatz

obwohl alle auf ihn (gewartet haben).

Hauptsatz

(ist) er nicht (gekommen).

> Nebensätze mit *obwohl* geben einen Gegengrund an, sie enthalten einen Widerspruch zum Hauptsatz. Das konjugierte Verb steht am Satzende. Der Nebensatz kann vor oder hinter dem Hauptsatz stehen.

Vergleichen Sie:

Nebensatz

Da es im Zug keinen Speisewagen (gab),

Obwohl es im Zug einen Speisewagen (gab),

Hauptsatz

(habe) ich nichts (gegessen). **Grund**

(habe) ich nichts (gegessen). **Gegengrund, Widerspruch**

> Wenn der Nebensatz vor dem Hauptsatz steht, beginnt der Hauptsatz mit dem Verb.

1 Ergänzen Sie *da* oder *obwohl*.

Gesundheit

1. ___Da___ ich mich schlecht fühle, muss ich zum Arzt gehen.

2. _____ ihm der Rücken weh tut, kauft Markus Tabletten gegen Schmerzen.

3. _____ er auf gesunde Ernährung achten sollte, isst Herr Simpson fettes Fleisch.

4. _____ sie ganz gesund ist, nimmt Frau Bollinger viele Vitaminpräparate.

5. _____ sie abnehmen will, macht Irina schon wieder Diät.

2   Schreiben Sie die Nebensätze mit *obwohl*.

Vorwürfe

1. Du bist gestern sehr spät schlafen gegangen. Du musstest heute sehr früh aufstehen.

    Du bist gestern sehr spät schlafen gegangen, obwohl du heute sehr früh aufstehen musstest!

2. Du rauchst schon wieder. Der Arzt hat es verboten.

    Du rauchst schon wieder, _____ !

3. Du hast kein Brot gekauft. Ich habe dir einen Zettel geschrieben.

    Du hast kein Brot gekauft, _____ !

4. Du hörst wieder so laut Musik. Das stört mich beim Lernen.

    _____, hörst du wieder so laut Musik!

5. Du hast das Geschirr nicht gespült. Ich habe dich darum gebeten.

    _____, hast du das Geschirr nicht gespült!

6. Du hast die Pflanzen nicht gegossen. Sie brauchen jetzt besonders viel Wasser.

    _____, hast du die Pflanzen nicht gegossen!

3   Verbinden Sie die beiden Sätze mit *da/weil* oder *obwohl*.

Essen

1. Fastfood-Gerichte sind ungesund. Sie schmecken vielen Leuten.

    Obwohl Fastfood-Gerichte ungesund sind, schmecken sie vielen Leuten.

2. Ich trinke heute Kaffee. Tee ist besser für meinen Magen.

    _____

3. Gesunde Ernährung ist wichtig. Viele Leute achten darauf.

    _____

4. Stefanie mag Croissants. Sie isst eine Scheibe Vollkornbrot.

    _____

5. Wir warten schon eine Stunde auf unser Essen. Das Restaurant ist überfüllt.

    _____

6. Die Suppe ist wirklich sehr scharf. Sie schmeckt mir gut.

    _____

7. Ich habe keinen großen Hunger. Ich habe nur einen Salatteller bestellt.

    _____

8. Herr Ritter kocht sehr gern. Er lädt jeden Samstag Freunde ein.

    _____

4 Satzverbindungen mit *darum, deswegen* und *trotzdem*

Das kennen Sie schon:

Hauptsatz 1	**Hauptsatz 2**
Tara interessiert sich für Technik.	Sie macht eine Ausbildung zur Mechatronikerin.

	Position 1	Position 2	
Tara interessiert sich für Technik,	**deshalb**	(macht)	sie eine Ausbildung zur Mechatronikerin.
	erwartete Folge		

Deshalb steht im zweiten Satz auf Position 1. Auf Position 2 steht das konjugierte Verb, danach folgt das Subjekt.

Das ist neu:

Tara interessiert sich für Technik, **darum/deswegen** (macht) sie eine Ausbildung zur Mechatronikerin.

Darum und *deswegen* haben die gleiche Bedeutung wie *deshalb*. Sie stehen im zweiten Satz auf Position 1. Auf Position 2 steht das konjugierte Verb, danach folgt das Subjekt.

Hauptsatz 1	**Hauptsatz 2**
Anja interessiert sich für Technik.	Sie macht eine Ausbildung zur Bürokauffrau.

	Position 1	Position 2	
		Position 1	Position 2
Anja interessiert sich für Technik,	**trotzdem**	(macht)	sie eine Ausbildung zur Bürokauffrau.
	unerwartete Folge, Widerspruch		

Trotzdem steht im zweiten Satz auf Position 1. Auf Position 2 steht das konjugierte Verb, danach folgt das Subjekt.

1 Ergänzen Sie *deshalb/darum/deswegen* oder *trotzdem*.

Im Deutschkurs

1. Der Kurs geht nächste Woche zu Ende, ___deshalb___ wollen wir

   einen gemeinsamen Ausflug machen.

2. Unser Deutschkurs war ziemlich groß, _____ hat jeder

   viel gelernt.

3. Wir mussten sehr intensiv lernen, _____ hat es Spaß

   gemacht.

4. Jeden Tag haben wir alle Fertigkeiten trainiert, _____ war es nie langweilig.

5. Wir hatten immer sechs Stunden Unterricht am Tag, _____ waren die Fortschritte groß.

6. Unser Lehrer war kein Deutscher, _____ konnte er fantastisch Deutsch sprechen.

7. Die Aussprache der Umlaute war ein Problem, _____ haben wir sie sehr oft geübt.

8. Nach dem Kurs waren wir müde, _____ haben wir abends immer noch etwas unternommen.

2   Welcher Konnektor passt? Markieren Sie.

Im Straßenverkehr

1. Er hat gebremst, ~~deshalb~~/(trotzdem) konnte er nicht sofort anhalten.

2. Sie hat das Navi eingestellt, *obwohl/weil* sie sich verfahren hat.

3. Der Fahrer hat das Verbotszeichen gesehen, *deshalb/trotzdem* hat er überholt.

4. *Da/Obwohl* die Ampel rot war, ist der Radfahrer über die Kreuzung gefahren.

5. Wir sind besonders früh losgefahren, *deshalb/trotzdem* war der Verkehr sehr stark.

6. Die Batterie war leer, *deshalb/trotzdem* wollte der Motor nicht anspringen.

7. *Da/Obwohl* die Straße glatt war, ist Bruno sehr vorsichtig gefahren.

8. Es war Dezember, *deshalb/trotzdem* hatte sein Auto noch Sommerreifen.

3   Schreiben Sie die Sätze zu Ende.

Ein schöner Tag

1. Der Wecker klingelt um 5.45 Uhr, trotzdem *stehe ich heute gern auf.* _____
    (ich / aufstehen / heute / gern)

2. Das Frühstück ist besonders lecker, weil _____.
    (es / geben / frische Brötchen)

3. Die Sonne scheint, deshalb _____.
    (ich / fahren / mit dem Rad / zur Arbeit)

4. Im Büro haben alle gute Laune, obwohl _____.
    (das Projekt / müssen / bald / fertig sein)

5. Am Mittag gibt es in der Kantine mein Lieblingsessen, deshalb _____.
    (ich / nehmen / eine große Portion / davon)

6. Ich verlasse schon um 15 Uhr das Büro, weil _____.
    (ich / verabredet sein / im Café)

7. Heute Abend gehe ich ins Restaurant, trotzdem _____.
    (ich / müssen / noch / einkaufen)

8. Meine Freunde kommen nach dem Essen zu mir, weil _____.
    (ich / haben / heute / Geburtstag)!

5 Temporale Nebensätze mit *während, seit(dem), nachdem*

Das kennen Sie schon:

Als ich nach Hause (kam), waren alle Fenster offen.   Zeitpunkt (●)

Ich schreibe den Text zu Ende, **bevor** ich mir einen Kaffee (mache).   Zeitpunkt (|←)

Wir sind fünf Stunden geklettert, **bis** wir auf dem Gipfel (waren).   Zeitpunkt (→|)

Das ist neu:

Nebensätze mit *während* (=)

Hauptsatz	**Hauptsatz**
Simone war in Urlaub.	Sebastian hat für die Prüfung gelernt.
Hauptsatz	**Nebensatz**
Simone war in Urlaub,	**während** Sebastian für die Prüfung (gelernt hat).
Nebensatz	**Hauptsatz**
Während Sebastian für die Prüfung (gelernt hat),	war Simone in Urlaub.

Genauso:

Hauptsatz	**Nebensatz**
Sebastian hat für die Prüfung gelernt,	**während** Simone in Urlaub (war).
Nebensatz	**Hauptsatz**
Während Simone in Urlaub (war),	hat Sebastian für die Prüfung gelernt.

> Die Handlung des Hauptsatzes und des Nebensatzes laufen gleichzeitig ab.

Nebensätze mit *seit(dem)* (|→)

Hauptsatz	**Hauptsatz**
Mario hat eine neue Arbeit gefunden.	Er muss sehr früh aufstehen.
Nebensatz	**Hauptsatz**
Seit(dem) Mario eine neue Arbeit (gefunden hat),	muss er sehr früh aufstehen.
Hauptsatz	**Nebensatz**
Mario muss sehr früh aufstehen	**seit(dem)** er eine neue Arbeit (gefunden hat).

> Die Handlung des Hauptsatzes und des Nebensatzes haben einen gemeinsamen Anfang.
> Der Nebensatz beschreibt eine Zeitspanne ab einem bestimmten Zeitpunkt.
> Achtung: *Seit* ist auch eine Präposition mit Dativ: *Seit vielen Wochen schlafe ich schlecht.*

Nebensätze mit *nachdem*

Hauptsatz	**Hauptsatz**
Herr Kaiser war ins Büro gekommen.	Er druckte die Einladungen aus.
Nebensatz	**Hauptsatz**
Nachdem Herr Kaiser ins Büro (gekommen war),	druckte er die Einladungen aus.
Hauptsatz	**Nebensatz**
Herr Kaiser druckte die Einladungen aus,	**nachdem** er ins Büro (gekommen war).

> Die Handlung des Nebensatzes beginnt vor der Handlung des Hauptsatzes. Im *nachdem*-Satz steht immer eine andere Zeit als im Hauptsatz:
> Hauptsatz: Präsens   → *nachdem*-Satz: Perfekt
> Hauptsatz: Präteritum oder Perfekt   → *nachdem*-Satz: Plusquamperfekt

1   Was passt zusammen? Ordnen Sie zu.

1. Seit ich Pfannkuchen mit Spinat probiert habe,   ＿＿＿ a) seitdem mein Mixer kaputt ist.

2. Während Mona den Tisch deckte,   ＿＿＿ b) waren wir schon dreimal dort.

3. Ich backe keinen Kuchen mehr,   ＿＿＿ c) kann man eine kleine Vorspeise essen.

4. Seit es das Restaurant gibt,   ＿＿＿ d) ging er nach Hause.

5. Während man auf die Hauptspeise wartet,   _1._ e) mag ich dieses Gericht sehr.

6. Wir tranken noch einen Kaffee,   ＿＿＿ f) nachdem wir das Dessert gegessen hatten.

7. Nachdem Herr Mayr bezahlt hatte,   ＿＿＿ g) holte Mara die Getränke aus dem Keller.

2   Schreiben Sie die Nebensätze mit *während*.

1. ● Kannst du in der Arbeit Musik hören?

   ○ Nein, ich kann keine Musik hören, _während ich arbeite._＿＿＿＿＿＿＿＿＿ (Ich arbeite.)

2. ● Wann hast du dieses Buch gelesen?

   ○ Ich habe es gelesen, ＿＿＿＿＿＿＿＿＿＿＿＿＿＿＿＿＿. (Ich war im Urlaub.)

3. ● Darf ich das Wörterbuch behalten?

   ○ Ja. ＿＿＿＿＿＿＿＿＿＿＿＿＿＿＿, dürfen Sie es behalten. (Sie besuchen den Kurs.)

4. ● Wann hast du dich mit Roberto unterhalten?

   ○ Ich habe mich mit ihm unterhalten, ＿＿＿＿＿＿＿＿＿＿＿＿. (Ich habe auf dich gewartet.)

5. ● Wann hat Guido die Fotos gemacht?

   ○ Er hat viel fotografiert, ＿＿＿＿＿＿＿＿＿＿＿＿＿. (Er hat in Wien studiert.)

3   Sätze mit *nachdem* – Ergänzen Sie die Verben in der richtigen Form.

Bewerbung

1. Nachdem ich _gekündigt hatte_ (kündigen), war ich drei Monate arbeitslos.

2. Nachdem ich diese Anzeige gelesen hatte, ＿＿＿＿＿＿＿＿＿＿ (bewerben) ich mich sofort bei der neuen Firma.

3. Ich bekam eine Einladung zum Vorstellungsgespräch, nachdem ich die Bewerbung ＿＿＿＿＿＿＿＿ (abschicken).

4. Nachdem der Personalchef meine Zeugnisse ＿＿＿＿＿＿＿ (prüfen), stellte er mir einige Fragen.

5. Der Personalchef verabschiedete sich von mir, nachdem ich einen Fragebogen ＿＿＿＿＿＿＿ (ausfüllen).

6. Nachdem ich zwei Wochen lang ungeduldig gewartet hatte, ＿＿＿＿＿＿＿＿ (bekommen) ich einen Brief: eine Zusage!

4 Ergänzen Sie *als, bevor, bis, nachdem, seit(dem), während.*

Im Restaurant

1. Herr Ober, ich hätte gern die Suppe, __*bevor*__ wir das Hauptgericht bekommen.

2. _____ uns der Kellner die Tomatensuppe empfohlen hatte, wollten wir sie ausprobieren.

3. _____ wir auf das Hauptgericht gewartet haben, hat uns der Kellner eine Überraschung serviert.

4. Wir wussten nicht, was wir auf dem Teller hatten, _____ wir es probierten.

5. Ich habe große Augen gemacht, _____ ich die Rechnung sah.

6. Der Chef blieb, _____ der letzte Gast das Lokal verließ.

7. _____ ich in der Stadt wohne, habe ich erst ein Mal hier gegessen.

5 Schreiben Sie die Sätze. Achten Sie auf die Wortstellung und die Zeiten der Verben.

Der Einkauf

1. **seitdem** / ich / arbeiten / in einer Arztpraxis // ich / brauchen / mehrere / weiße / Hosen

   Seitdem ich in einer Arztpraxis arbeite, brauche ich mehrere weiße Hosen.

2. eine / Hose / sein / leider / grün // **nachdem** / ich / waschen / sie / mit meinem grünen Pullover

   _____

3. **als** / ich / gehen / in die Stadt / am Samstag // ich / sein / in verschiedenen Geschäften

   _____

4. ich / suchen / sehr lange // **bis** / ich / finden / etwas Passendes

   _____

5. **bevor** / ich / kaufen / die Hose // ich / anprobieren / sie

   _____

6. mein Handy / klingeln // **während** / ich / sein / in der Kabine

   _____

7. ich / bemerken / erst / das Loch // **als** / ich / sein / zu Hause

   _____

8. **nachdem** / ich / entdecken / das Loch // ich / umtauschen wollen / die Hose / sofort

   _____

6 Relativsätze mit Relativpronomen im Dativ 🎬

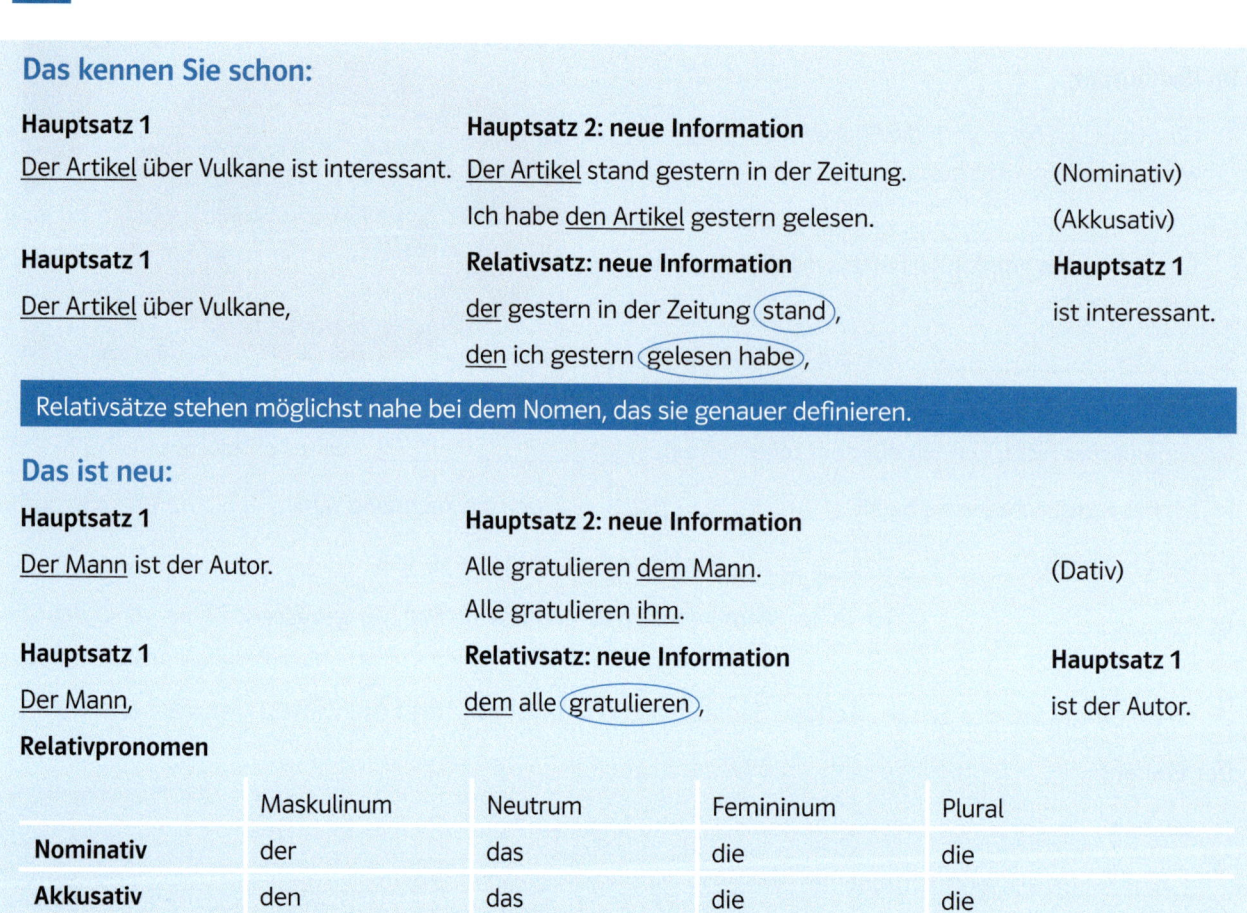

Das kennen Sie schon:

Hauptsatz 1	Hauptsatz 2: neue Information	
Der Artikel über Vulkane ist interessant.	Der Artikel stand gestern in der Zeitung.	(Nominativ)
	Ich habe den Artikel gestern gelesen.	(Akkusativ)

Hauptsatz 1	Relativsatz: neue Information	Hauptsatz 1
Der Artikel über Vulkane,	der gestern in der Zeitung (stand),	ist interessant.
	den ich gestern (gelesen habe),	

> Relativsätze stehen möglichst nahe bei dem Nomen, das sie genauer definieren.

Das ist neu:

Hauptsatz 1	Hauptsatz 2: neue Information	
Der Mann ist der Autor.	Alle gratulieren dem Mann.	(Dativ)
	Alle gratulieren ihm.	

Hauptsatz 1	Relativsatz: neue Information	Hauptsatz 1
Der Mann,	dem alle (gratulieren),	ist der Autor.

Relativpronomen

	Maskulinum	Neutrum	Femininum	Plural
Nominativ	der	das	die	die
Akkusativ	den	das	die	die
Dativ	dem	dem	der	denen*

> Die Relativpronomen sind im Nominativ, Akkusativ und Dativ mit den bestimmten Artikeln identisch.
> *Ausnahme: Dativ Plural!

1 Markieren Sie das Personalpronomen im Dativ und ergänzen Sie dann das Relativpronomen.

1. ● Wer ist das?　　　　　　　○ Das ist meine Cousine. Ich habe ihr mein Auto geliehen.

   Das ist meine Cousine, __*der*__ ich mein Auto geliehen habe.

2. ● Wer kommt noch?　　　　　○ Mein Nachbar. Ich habe ihm beim Umzug geholfen.

   Mein Nachbar, _____ ich beim Umzug geholfen habe, kommt noch.

3. ● Wer war das?　　　　　　　○ Das waren Freunde. Ich habe ihnen ein paar Bilder geschenkt.

   Das waren Freunde, _____ ich ein paar Bilder geschenkt habe.

4. ● Auf wen warten wir noch?　　○ Auf meinen Professor. Ich muss ihm die Bücher zurückgeben.

   Wir warten auf meinen Professor, _____ ich die Bücher zurückgeben muss.

5. ● Für wen ist das Geschenk?　　○ Für meine Oma. Ich möchte ihr zum 80. Geburtstag gratulieren.

   Das Geschenk ist für meine Oma, _____ ich zum 80. Geburtstag gratulieren möchte.

7 Relativsätze mit Präposition und Relativpronomen

Das kennen Sie schon:

Hauptsatz 1	**Hauptsatz 2: neue Information**	
Der Artikel über Vulkane ist interessant.	Der Artikel stand gestern in der Zeitung.	(Nominativ)
Der Artikel über Vulkane ist interessant.	Ich habe den Artikel gestern gelesen.	(Akkusativ)
Der Mann ist der Autor.	Alle gratulieren dem Mann.	(Dativ)

Hauptsatz 1	**Relativsatz: neue Information**	**Hauptsatz 1**
Der Artikel über Vulkane,	der gestern in der Zeitung (stand),	ist interessant.
Der Artikel über Vulkane	den ich gestern (gelesen habe),	ist interessant.
Der Mann,	dem alle (gratulieren),	ist der Autor.

Das ist neu:

Hauptsatz 1	**Hauptsatz 2: neue Information**
Der Zeitungsartikel liegt auf meinem Schreibtisch.	Ich habe dir von dem Artikel erzählt.
Der Zeitungsartikel liegt auf meinem Schreibtisch.	Wir haben uns über ihn unterhalten.

> **Die Präposition bestimmt den Kasus des Relativpronomens.**

Hauptsatz 1	**Relativsatz: neue Information**	**Hauptsatz 1**
Der Zeitungsartikel,	von **dem** ich dir (erzählt habe),	liegt auf meinem Schreibtisch.
Der Zeitungsartikel,	über **den** wir uns (unterhalten haben),	liegt auf meinem Schreibtisch.

Hauptsatz 1	**Relativsatz: neue Information**	**Hauptsatz 1**
Die Papiere,	auf **denen** der Artikel (liegt),	muss ich noch abheften.
Der Zeitungsartikel,	auf **die** ich den Artikel (gelegt habe),	muss ich noch abheften.

> **Bei Wechselpräpositionen** (*an, auf, hinter, in, neben, über, unter, vor, zwischen*) **fragt man** *Wo?* **oder** *Wohin?*, **um den Kasus zu bestimmen.**

1 Relativpronomen im Nominativ, Akkusativ und Dativ – Ergänzen Sie die Sätze.

Am Arbeitsplatz

1. ● Kennen Sie den Mann, mit __*dem*__ die Sekretärin gerade spricht?

   ○ Ja, das ist der neue Lehrling, für _____ wir uns entschieden haben.

2. ● Wo ist der Brief, auf _____ ich antworten soll?

   ○ Er ist in der blauen Mappe, in _____ immer alle Korrespondenz ist.

3. ● Ist das mein Arbeitsplatz?

   ○ Ja, das ist der Computer, an _____ Sie arbeiten werden.

4. ● Wie heißt die Frau, über _____ du dich so geärgert hast?

   ○ Meinst du die, mit _____ ich gestern telefoniert habe?

5. ● Besprechen wir die Angebote, für _____ wir uns interessieren?

   ○ Ja, heute ist eine Sitzung, in _____ wir alle Angebote besprechen.

2   Präposition und Relativpronomen – Ergänzen Sie.

1. Die Stelle, ___*für die*___ Frau Link sich interessiert, ist leider schon besetzt.

2. Die Nachbarn haben Hasen, _____ sich Jakob in den Ferien kümmert.

3. Der Film, _____ wir diskutiert haben, hat einen Preis gewonnen.

4. Raffaela findet die Schachtel, _____ sie ihre Schätze versteckt hat, nicht mehr.

5. Ich musste den Arzttermin, _____ ich so lange gewartet hatte, absagen.

6. Der Wettkampf, _____ Leandra teilnehmen will, findet am Samstag statt.

7. Das Geschenk, _____ Pia sich besonders gefreut hat, ist eine Puppe.

8. Der Urlaub, _____ die Kinder oft sprechen, ist die Reise nach Venedig.

3   Relativpronomen im Nominativ, Akkusativ und Dativ – Verbinden Sie die Sätze.

Träume

1. Mein Traumhaus ist ein großes Haus. Es liegt an einem See.

   In dem Haus gibt es 15 Zimmer. Ich habe es im Lotto gewonnen.

   ___*1. Mein Traumhaus ist ein großes Haus, das an einem See liegt,*___

   ___*in dem es 15 Zimmer gibt und das ich im Lotto gewonnen habe.*___

2. Mein Traumpartner ist ein gut aussehender Mann. Er ist romantisch.

   Ich bewundere ihn jeden Tag. Ich fühle mich bei ihm sicher.

   ___*2. Mein Traumpartner ist ein gut aussehender Mann, ...*___

   _____

3. Meine Traumpartnerin ist eine schöne Frau. Ich möchte sie immer

   bei mir haben. Sie verzeiht mir meine Fehler. Mit ihr kann ich über alles sprechen.

   _____

   _____

4. Mein Traumjob ist eine interessante Arbeit. Sie ist nicht monoton

   und macht Spaß. Ich mache sie jeden Tag gern. In der Arbeit bin ich kreativ.

   _____

   _____

5. Meine Traumwelt ist ein blauer Planet. Der Planet sieht wie die Erde aus. Auf dem Planeten leben nur glückliche Menschen. Man muss ihn vor den Menschen nicht retten.

   _____

   _____

8 Relativsätze mit *was* und *wo*

Das Relativpronomen *was*

Elias hat <u>alles</u> eingekauft,	<u>was</u> auf dem Zettel (stand).	
Er hat <u>nichts</u> vergessen,	<u>was</u> auf dem Zettel (stand).	
Er hat <u>das</u>,	<u>was</u> auf dem Zettel (stand),	eingekauft.
<u>Der Supermarkt hat viele Bioprodukte</u>,	<u>was</u> Elias gut (findet).	

> Das Relativpronomen *was* bezieht sich auf Pronomen wie z. B. *alles, etwas, nichts, das* … oder ganze Sätze. Es ist unveränderlich.

Das Relativpronomen *wo*

<u>Der Wochenmarkt</u>,	<u>wo</u> Elias sein Gemüse (kauft),	findet donnerstags statt.
<u>An dem Stand</u>,	<u>wo</u> er Stammkunde (ist),	arbeitet seine Freundin.

> Das Relativpronomen *wo* bezieht sich auf Ortsangaben. Es kann durch eine lokale Präposition + Relativpronomen im Dativ ersetzt werden: *Der Wochenmarkt, auf dem Elias sein Gemüse kauft, … – An dem Stand, an dem er Stammkunde ist, …*

1 Relativpronomen *was* oder *wo* – Ergänzen Sie.

Reisevorbereitungen

1. Haben wir das Hotel, __*wo*__ wir wohnen wollen, gebucht?

2. Haben wir das, _____ wir für den Urlaub brauchen, besorgt?

3. Haben wir eine Karte für die Gegend, _____ wir wandern wollen?

4. Haben wir alles eingepackt, _____ ins Auto soll?

5. Haben wir wirklich nichts vergessen, _____ wir mitnehmen wollen?

6. Haben wir den Ort, _____ wir unsere Freunde treffen, ins Navi eingegeben?

7. Dann können wir jetzt endlich losfahren, _____ echt super wäre!

2 Ersetzen Sie das Relativpronomen *wo* durch Präposition + Relativpronomen.

an der • auf der • bei dem • ~~in dem~~ • in der • in dem

1. Das Restaurant, ~~wo~~ __*in dem*__ ich am liebsten esse, hat nur japanische Gerichte.

2. Die Stadt, ~~wo~~ _____ ich wohne, ist sehr groß.

3. Der Bäcker, ~~wo~~ _____ ich immer Brötchen hole, hat auch am Sonntag offen.

4. Die Insel, ~~wo~~ _____ ich in meinen letzten Urlaub war, liegt in der Nordsee.

5. Die Schule, ~~wo~~ _____ ich Abitur gemacht habe, heißt Goethe-Gymnasium.

6. Das Büro, ~~wo~~ _____ ich arbeite, ist ein Architekturbüro.

9 Infinitiv mit *zu*

Infinitiv mit *zu* nach einigen Verben

Die Chefin hat *beschlossen,*	alle Bestellungen **zu prüfen.**	z. B.: *anbieten, aufhören, beginnen, bitten, sich entscheiden, sich freuen, hoffen, vergessen, versuchen, versprechen, vorhaben, vorschlagen* u. a.
Frau Peters hat *angefangen,*	an dem Projekt **zu arbeiten.**	
Wir *versuchen,*	das Problem **zu lösen.**	

Infinitiv mit *zu* nach *haben/machen* + Nomen

Viele Leute *haben Angst,*	mit dem Flugzeug **zu fliegen.**	z. B.: *die/keine Möglichkeit haben, (keine) Lust haben, das Gefühl haben, die Absicht haben, Spaß machen, Freude machen* u. a.
Ich habe *keine Zeit,*	morgen Gäste **einzuladen***.	
Es *macht großen Spaß,*	ein Spiel live **zu sehen.**	

Infinitiv mit *zu* nach *sein/finden* + Adjektiv

Es *ist verboten,*	im Gebäude **zu rauchen.**	z. B.: *angenehm, anstrengend, erlaubt, gut, interessant, langweilig, leicht, lustig, nett, praktisch, schön, schrecklich, schwer, wichtig* u. a.
Ich *finde* es *schwierig,*	Kinder alleine **zu erziehen.**	
Es *ist gesund,*	frisches Gemüse **zu essen.**	

> * Bei trennbaren Verben steht *zu* zwischen Präfix und Verb: *Ich habe vergessen, Milch ein**zu**kaufen.*

Vergleichen Sie:

Ich verspreche, dass **ich** Deutsch <u>lerne</u>.	= Ich verspreche, Deutsch **zu lernen.**
Er freut sich, dass **er** kreativ arbeiten <u>kann</u>.	= Er freut sich, kreativ arbeiten **zu können.**
Es ist wichtig für **uns**, dass **wir** dabei <u>sind</u>.	= Es ist wichtig für uns, dabei **zu sein.**
Aber: **Ich** schlage vor, dass **er** Deutsch <u>lernt</u>.	= Ich schlage vor, **dass** er Deutsch **lernt.**

> Der Infinitiv mit *zu* ist nur möglich, wenn die handelnde Person im Haupt- und im Nebensatz identisch ist.

1 Entscheiden Sie, ob *zu* nötig ist, und ergänzen Sie den Dialog.

Gefüllte Paprika

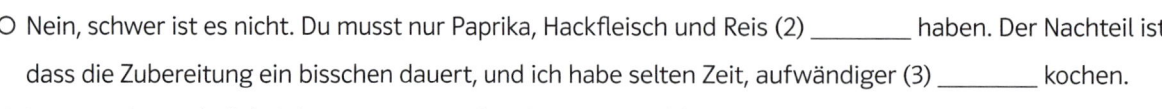

● Oh, das sieht ja lecker aus. Was ist das denn?

○ Das sind gefüllte Paprika, ein Rezept meiner Oma.

● Ist es schwer, so etwas (1) __*zu*__ machen?

○ Nein, schwer ist es nicht. Du musst nur Paprika, Hackfleisch und Reis (2) _____ haben. Der Nachteil ist,

   dass die Zubereitung ein bisschen dauert, und ich habe selten Zeit, aufwändiger (3) _____ kochen.

● Ja, mir geht es ähnlich. Ich vergesse manchmal sogar, Brot (4) _____ kaufen.

○ Das glaube ich dir gern. Fangen wir an (5) _____ essen, sonst werden die Paprika kalt.

● Sie schmecken lecker! Kannst du mir das Rezept (6) _____ geben? Das muss ich auch mal (7) _____

   ausprobieren.

○ Ich habe kein Rezept, aber ich kann meine Mutter (8) _____ bitten, das Rezept für dich

   (9) auf_____schreiben, und ich verspreche, es dir (10) _____ mailen.

● Ja, bitte, unbedingt. Darf ich noch eine Paprika (11) _____ haben?

   Aber natürlich, gern.

2   Was passt zusammen? Ordnen Sie zu.

1. Inga findet es entspannend,   _____ a) beim Autofahren zu telefonieren.

2. Es ist verboten,   _____ b) dass der Lehrer heute keine Hausaufgaben gibt.

3. Die Schüler freuen sich,   _____ c) sein Auto zu reparieren.

4. Hanna hat angefangen,   __1.__ d) im Urlaub nur am Strand zu liegen.

5. Mattis bittet seinen Freund,   _____ e) Schwedisch zu lernen.

6. Es ist sehr nett von dir,   _____ f) dass du mir ein Buch mitgebracht hast.

3   Infinitiv mit *zu* – Schreiben Sie die Sätze.

Eine Verabredung mit Hindernissen

1. Michael vergisst oft, _sein Handy auszuschalten._____ (sein Handy / ausschalten).

2. Daher habe ich ihn gebeten, _____ (es / lassen / heute Abend / zu Hause).

3. Ich finde es unangenehm, _____
   (gestört werden / im Konzert / von Handyklingeln).

4. Er hat mir versprochen, _____ (das Handy / nicht / mitnehmen).

5. Ich habe mich darauf gefreut, _____ (den Abend / verbringen / mit Michael).

6. Weil Michael die Eintrittskarten hatte, habe ich gehofft, _____
   (ihn / treffen / vor dem Konzertsaal).

7. Leider hatte meine U-Bahn Verspätung und ich hatte keine Möglichkeit, _____
   (ihn / erreichen).

8. So kam ich zu spät, und das Orchester hatte schon angefangen, _____
   (das erste Stück / spielen).

9. Es war langweilig, _____ (bis zur Pause / draußen / warten).

Aber der Rest des Abends war sehr schön!

4   Kreuzen Sie an, ob ein Infinitiv mit *zu* möglich ist. Schreiben Sie dann die Sätze neu.

(x) 1. Ich bin daran gewöhnt, dass ich früh aufstehe.

( ) 2. Ich freue mich, dass dir mein Plan gefällt.

( ) 3. Ich habe versprochen, dass ich mich bald melde.

( ) 4. Wir genießen es, dass wir in aller Ruhe frühstücken.

( ) 5. Alle haben versprochen, dass sie in Kontakt bleiben.

( ) 6. Er findet es schön, dass die Arbeit so spannend ist.

( ) 7. Wir hoffen, dass ihr euch gut erholt.

( ) 8. Frau Möller freut sich, dass sie am Samstag in Urlaub fährt.

( ) 9. Familie Rau hofft, dass sie bald in die neue Wohnung einzieht.

1. Ich bin daran gewöhnt, früh aufzustehen.

5 P **Lesen Sie den Text und schließen Sie die Lücken. Welche Lösung (a, b oder c) ist jeweils richtig?**

Im dritten Studienjahr habe ich mich ___1___, meine Fremdsprachenkenntnisse zu verbessern, und habe nach Spanisch Deutsch gewählt. Ich habe beschlossen, ___2___ einen Intensiv-Deutschkurs zu besuchen und dann eventuell ein Semester in Deutschland zu studieren. Mein Plan gefiel mir sehr und bald habe ich begonnen, fünfmal die Woche eine Sprachschule ___3___. Ich ___4___ jeden Tag mindestens zwanzig neue Wörter lernen, aber schnell habe ich bemerkt, dass das zu schwierig war. Es war nicht ___5___, so schnell Fortschritte zu machen. Meine Lehrerin hat ___6___ empfohlen, Karteikarten zu machen und auf diese Weise die Wörter zu wiederholen. Ihr Rat hat mir geholfen, systematischer und effektiver ___7___. Es war sehr praktisch, z. B. in der U-Bahn oder im Bus mit den Karteikarten zu lernen. Im nächsten Semester hatte ich leider ___8___ Zeit, weiter so intensiv zu lernen. ___9___ habe ich versucht, zwischendurch deutsche Zeitungen zu lesen und deutsches Fernsehen zu schauen. Heute bin ich froh, dass ich Deutsch sprechen kann, und ___10___ mir besonders großen Spaß, mich auf Deutsch zu unterhalten.

1. a entscheiden
   b entschied
   c entschieden

2. a danach
   b zuerst
   c zum Schluss

3. a besuche
   b besuchen
   c zu besuchen

4. a durfte
   b hatte vor
   c wollten

5. a erlaubt
   b möglich
   c schön

6. a dir
   b mich
   c mir

7. a lernen
   b lernend
   c zu lernen

8. a kein
   b keine
   c nicht

9. a Denn
   b Deshalb
   c Weil

10. a du machst
    b es macht
    c ich mache

10 Nebensätze mit *damit* und *um … zu*

Marvin geht zur Apotheke,	**damit** seine Oma ihre Tabletten <u>bekommt</u>.
Er geht auch zur Reinigung,	**um** ihren Mantel **abzuholen***.

Nebensätze mit *damit* und *um … zu* geben das Ziel oder den Zweck einer Handlung an.
Sie antworten auf die Frage *Wozu?*
* Bei trennbaren Verben steht *zu* zwischen Präfix und Verb: *Raffaela wünscht sich einen Radiowecker, um mit Musik auf**zu**stehen.*

Vergleichen Sie:

Er geht zur Apotheke, …

damit **sie** ihre Tabletten <u>bekommt</u>. → kein Nebensatz mit *um … zu* möglich

damit **er** ihre Tabletten <u>abholt</u>. → **um** ihre Tabletten **abzuholen**.

Der Infinitiv mit *um … zu* ist nur möglich, wenn die handelnde Person im Haupt- und im Nebensatz identisch ist.

1 *um … zu* oder nur *zu*? Was passt zusammen? Ordnen Sie zu.

1. Herr Stefanson nimmt immer sein Handy mit, _____ a) um den Motor zu reparieren.

2. Mein Nachbar bittet mich manchmal, _*1.*_ b) um überall Internetzugang zu haben.

3. Der Busfahrer bremst, _____ c) dich morgen zu treffen.

4. Herr Jakobi versucht, _____ d) um anzuhalten.

5. Ich freue mich darauf, _____ e) ihm etwas zu übersetzen.

6. Der Mechaniker tauscht das defekte Teil aus, _____ f) möglichst viel zu sparen.

2 Bilden Sie Sätze mit *um … zu*.

mich entspannen • längere Wanderungen machen • meinen Studienfreund besuchen • gut informiert sein • ~~über meine Erfahrungen berichten~~ • meine Berufschancen verbessern

1. Ich schreibe einen Blog, _um über meine Erfahrungen_
   zu berichten.

2. Ich besuche einen Yoga-Kurs, _____.

3. Ich mache eine Zusatz-Ausbildung, _____.

4. Ich fahre nach Berlin, _____.

5. Ich lese jeden Tag Zeitung, _____.

6. Ich mache Urlaub in den Alpen, _____.

3   *um … zu* oder *damit*? Ergänzen Sie. Manche Lücken bleiben leer.

1. Klicken Sie auf o.k., ___um___ das Programm ___zu___ installieren.

2. Lesen Sie die Gebrauchsanweisung aufmerksam durch, _____

   das Gerät gut _____ funktioniert.

3. Besuchen Sie unsere Homepage, _____ aktuelle Informationen _____ bekommen.

4. Schalten Sie den Fernseher ganz aus, _____ Strom _____sparen.

5. Laden Sie das Gerät immer vollständig auf, _____ der Akku nicht _____ kaputtgeht.

4   Markieren Sie jeweils das Subjekt im Haupt- und Nebensatz. Kreuzen Sie an, ob ein Infinitiv mit *um … zu* möglich ist. Schreiben Sie dann die Sätze neu.

Deutsch lernen

(x) 1. Samuel lernt Deutsch, damit er sich auf Deutsch unterhalten kann.

◯ 2. Mirko lernt Deutsch, damit sich seine Berufschancen verbessern.

◯ 3. Tuana lernt Deutsch, damit sie deutsche Filme sehen kann.

◯ 4. Eleni lernt Deutsch, damit sie in Deutschland studieren kann.

◯ 5. Tomas lernt Deutsch, damit seine Brieffreundin in ihrer Muttersprache schreiben kann.

◯ 6. Maurice lernt Deutsch, damit er etwas über die deutsche Kultur erfährt.

◯ 7. Und Sie? – Ich lerne Deutsch, damit / um … zu

1. Samuel lernt Deutsch, um sich auf Deutsch unterhalten zu können.

5   *um … zu* oder *damit*? Verbinden Sie die Sätze.

Einkaufsgewohnheiten

1. Nina und Tom bestellen Geschenke gern im Internet. Sie können sie in Ruhe auswählen.

   Nina und Tom bestellen Geschenke gern im Internet, ___um sie in Ruhe auswählen zu können.___

2. Frau Grünberg geht auf den Markt. Sie kauft Obst und Gemüse ein.

   Frau Grünberg geht auf den Markt, _____.

3. Ich kaufe Schuhe immer im Geschäft. Sie passen mir gut.

   Ich kaufe Schuhe immer im Geschäft, _____.

4. Die Kinder helfen beim Einkaufen. Sie dürfen sich etwas aussuchen.

   Die Kinder helfen beim Einkaufen, _____.

5. Luis geht sonntags zum Bäcker. Seine Freundin kann ausschlafen.

   Luis geht sonntags zum Bäcker, _____.

11 Nebensätze mit *sodass* und *so … dass*

Frau Lionello arbeitet meist sehr lang,	**sodass** sie wenig Zeit zum Ausgehen <u>hat</u>.
Ihre Freunde fehlen ihr,	**sodass** sie oft mit ihnen <u>telefoniert</u>.

Nebensätze mit *sodass* und *so … dass* geben die Folge oder Konsequenz einer Handlung an.

Frau Lionello arbeitet meist **so** <u>lang</u>,	**dass** sie wenig Zeit zum Ausgehen <u>hat</u>.

Wenn im Hauptsatz ein Adjektiv oder ein Adverb stehen, kann *so* davor stehen; der Nebensatz wird durch einfaches *dass* eingeleitet: *Frau Lionello hat* **so** <u>viel</u> *Arbeit,* **dass** *sie ihre Freunde selten sieht.*

1 Was passt zusammen? Ordnen Sie zu.

1. Der Skiurlaub ist so teuer,   _____ a) dass sie ihr ganzes Taschengeld dafür ausgibt.

2. Pias größtes Hobby ist Basteln,   _____ b) sodass wir nicht draußen picknicken können.

3. Das Wetter ist so schlecht,   _____ c) sodass er zu Hause bleibt.

4. Carla bastelt so gern,   _____ d) sodass sie immer besondere Geschenke macht.

5. Es regnet,   *1.* e) dass Emilio darauf verzichtet.

6. Emilio hat kein Geld für Urlaub,   _____ f) dass ich nicht mit dem Fahrrad fahren will.

2 *so … dass* oder *sodass*? Verbinden Sie die Sätze.

Indras Tag

1. Indra ist früh aufgewacht. Sie ist um 5 Uhr aufgestanden.

   Indra ist so früh aufgewacht, dass sie um 5 Uhr aufgestanden ist.

2. Sie ist müde. Sie trinkt einen Kaffee zum Frühstück.

   _____

3. In der Nacht hat es geschneit. Sie muss mit dem Bus ins Büro fahren.

   _____

4. Das Projekt muss morgen fertig sein. Sie hat heute viel Arbeit.

   _____

5. Sie ist gestresst. Sie lässt die Mittagspause aus.

   _____

6. Um 19 Uhr hat sie das Projekt abgeschlossen. Sie kann nach Hause gehen.

   _____

7. Sie ist glücklich. Sie lädt eine Freundin ins Restaurant ein.

   _____

8. Die Zeit mit der Freundin ist schön. Indra kann sich gut entspannen.

   _____

12 Irreale Bedingungssätze: *wenn* + Konjunktiv II

▶ Konjunktiv II: Grammatik A2 Intensivtrainer NEU/Deutsch intensiv, Seite 40

▶ Hauptsatz und Nebensatz: *wenn*: Grammatik A2 Intensivtrainer NEU/Deutsch intensiv, Seite 10

Das kennen Sie schon:

Wenn ich mit dem Studium fertig (bin), (dann) ziehe ich wieder in meine Heimatstadt.

Ich ziehe wieder in meine Heimatstadt, **wenn** ich mit dem Studium fertig (bin).

> Nebensätze mit *wenn* nennen eine Bedingung, der Hauptsatz die Folge. Steht im *wenn*-Satz das Verb im Präsens, ist die Bedingung realisierbar.

Das ist neu:

Wenn ich mehr Zeit für mein Hobby (hätte), **wäre** ich zufriedener.

Ich **wäre** zufriedener, **wenn** ich mehr Zeit für mein Hobby (hätte).

= Ich habe wenig oder keine Zeit, deshalb bin ich nicht zufrieden.

> Steht im *wenn*-Satz das Verb im Konjunktiv II, ist die Bedingung nicht realisierbar. Im Hauptsatz steht das Verb auch im Konjunktiv II.

Beachten Sie:

Wenn ich mehrere Sprachen (sprechen würde), könnte ich als Dolmetscherin arbeiten.

(Würde) ich mehrere Sprachen (sprechen), (dann) könnte ich als Dolmetscherin arbeiten.

> Die Bedingung kann auch ohne *wenn* formuliert werden. Dann steht das Verb im Bedingungssatz auf Position 1.

1 Welche Verbform passt? Markieren Sie.

Höflichkeiten

1. ● Sehen wir uns wieder?

   ○ Ich *bin/wäre* sehr froh, wenn wir uns bald wiedersehen *könnten/müssten*.

2. ● Soll ich dich nach Hause fahren?

   ○ Es *sei/wäre* super, wenn du mich nach Hause fahren *dürftest/würdest*.

3. ● Was soll ich jetzt machen?

   ○ Wenn ich an deiner Stelle *bin/wäre*, *werde/würde* ich die Wahrheit sagen.

4. ● Was möchtest du am Wochenende machen?

   ○ Wenn ich *könnte/müsste*, *muss/würde* ich meine Eltern besuchen, aber es geht nicht.

5. ● Möchtest du, dass ich dir die Einladung maile?

   ○ Ja, es *ist/wäre* sehr lieb von dir, wenn du sie mir mailen *könntest/wirst*.

6. ● Ist der Kaffee nicht zu stark?

   ○ Nein, wenn er zu stark *sei/wäre*, *müsste/würde* ich es dir sagen.

2   Schreiben Sie die Sätze fertig.

Lottogewinn

Wenn ich im Lotto gewinnen würde, …

1. ___hätte ich viele Wünsche._____ (viele Wünsche / haben)
2. _____. (um die Welt / reisen)
3. _____. (etwas / spenden)
4. _____. (eine Wohnung / kaufen)
5. _____. (nicht mehr / arbeiten / müssen)
6. _____. (öfter / ins Restaurant / gehen)
7. _____. (nicht glücklicher / sein / als jetzt)

3   Ergänzen Sie die Sätze.

1. Meine Wohnung ist zu klein. Ich kann hier keine Party organisieren. Wenn ich eine größere Wohnung

   ___hätte_____ , ___könnte_____ ich eine Party organisieren.

2. Ich esse selten zu Hause. Ich brauche keinen Geschirrspüler. Aber wenn ich öfter zu Hause

   essen _____ , _____ ich einen Geschirrspüler kaufen.

3. Ich wohne in der Nähe der Uni. Ich muss nicht mit dem Auto fahren. Aber wenn ich weit weg von der Uni

   wohnen _____ , _____ ich mit dem Auto fahren.

4. Die Kochnische hat kein Fenster. Es ist ziemlich dunkel. Aber wenn die Kochnische ein

   Fenster _____ , _____ es nicht so dunkel.

5. Die Zimmerfenster sind nicht dicht. Es zieht im Winter. Aber wenn die Zimmerfenster

   dicht _____ , _____ es im Winter nicht ziehen.

6. Die Nachbarn haben drei Hunde. Es ist nicht immer ruhig. Aber wenn die Nachbarn keine

   Hunde _____ , _____ es ganz ruhig.

4   Schreiben Sie Sätze in den zwei möglichen Formen.

Ratschläge für die Gesundheit

1. wenn / du / rauchen / weniger / , / du / leben / gesünder / .
2. wenn / du / früher / ins Bett / gehen / , / du / sein / morgens / wacher / .
3. du / dich / fühlen / besser / , / wenn / du / sein / öfter / an der frischen Luft / .
4. du / schlafen / besser / , / wenn / du / trinken / weniger Kaffee / .
5. du / bleiben / fitter / , / wenn / du / machen / mehr Sport / .
6. wenn / du / essen / weniger Süßigkeiten / , / du / abnehmen / .

1. Wenn du weniger rauchen würdest, würdest du gesünder leben. Würdest du weniger rauchen, (dann) …

13 Zweiteilige Satzverbindungen

sowohl … als auch	Lola mag **sowohl** Apfelkuchen **als auch** Kirschkuchen.	das eine und das andere
nicht nur …, sondern auch	Henrik mag **nicht nur** Käsekuchen, **sondern auch** Muffins.	
weder … noch	Tina isst **weder** Fisch **noch** Fleisch.	das eine nicht, das andere auch nicht
entweder … oder	Sinan trinkt **entweder** Tee **oder** Kakao zum Frühstück.	das eine oder das andere
zwar …, aber	Oliver isst **zwar** gern Obst und Gemüse, **aber** nur aus Bioanbau.	das eine mit Einschränkung
einerseits …, andererseits	**Einerseits** isst Alex gern Fisch, **andererseits** hat er Angst vor den Gräten.	zwei Seiten einer Sache, Gegensatz

Zweiteilige Satzverbindungen verbinden ganze Sätze oder Satzteile. *Einerseits möchte Lily gern auf dem Land wohnen, **andererseits** geht sie gern abends aus. Lily liebt **einerseits** die Ruhe auf dem Land, **andererseits** das Ausgehen in der Stadt.*

1 Was passt zusammen? Ordnen Sie zu.

1. Shirin möchte nicht nur Englisch, _____ a) aber es fällt ihm schwer.

2. Christian lernt zwar gern Französisch, _____ b) als auch Norwegisch lernen.

3. Georg kann weder Chinesisch _____ c) oder Russisch lernen.

4. Luis möchte sowohl Schwedisch _*1.*_ d) sondern auch Spanisch sprechen können.

5. Einerseits spricht Josiane gut Italienisch, _____ e) noch Japanisch.

6. Iris möchte entweder Griechisch _____ f) andererseits verwechselt sie es manchmal mit Spanisch.

2 Welche Sätze haben dieselbe Bedeutung? Ordnen Sie zu.

1. Ich mag sowohl Hunde als auch Katzen.
2. Ich mag entweder Hunde oder Katzen.
3. Ich mag weder Hunde noch Katzen.
4. Ich mag nicht nur Hunde, sondern auch Katzen.
5. Ich mag zwar Hunde, aber Katzen mag ich nicht.
6. Einerseits mag ich Hunde, andererseits habe ich Angst vor ihnen.
7. Einerseits mag ich Katzen, andererseits finde ich sie langweilig.

_____ a) Ich mag Hunde nicht und Katzen auch nicht.

_*1.*_ b) Ich mag Hunde und Katzen.

_____ c) Ich mag Hunde ein bisschen.

_____ d) Ich mag Hunde und Katzen.

_____ e) Ich mag Hunde oder Katzen.

_____ f) Ich mag Katzen ein bisschen.

_____ g) Ich mag nur Hunde.

14 Zusammenfassung: Haupt- und Nebensätze

1 Ergänzen Sie den richtigen Konnektor. Die Position des Verbs hilft Ihnen.

> aber • ~~da~~ • denn • deshalb • deshalb • obwohl • obwohl • trotzdem • und • weil • weil

Arbeitsstress

Heute habe ich mit meinem Chef gesprochen. (1) __Da__ ich überarbeitet bin, möchte ich bald

in Urlaub gehen. Das ist wichtig für mich, (2) _____ mein Projekt noch nicht abgeschlossen

ist. Meine Kollegin wird es beenden, (3) _____ ist mein Chef mit meinen Plänen einverstan-

den. Meine Kollegin weiß genau, was noch gemacht werden muss, (4) _____ wir immer eng

zusammenarbeiten. (5) _____ fühle ich mich nicht so gut, (6) _____ ich sie

mit der Arbeit allein lasse. (7) _____ ich habe schon gebucht: drei Wochen in den Bergen,

(8) _____ die Ruhe, die frische Luft und die Bewegung werden mir gut tun. Ich freue mich

sehr darauf, (9) _____ mein Freund nicht mitkommen kann. (10) _____ habe ich

versprochen, regelmäßig anzurufen oder zu skypen. (11) _____ jetzt packe ich die Koffer!

2 Ergänzen Sie *als, bevor, nachdem, seit(dem), während.*

> Liebe Lisa,
>
> stell dir vor, was mir noch passiert ist, (1) __nachdem__ ich letzten Sonntag bei dir war.
>
> (2) _____ ich mich von dir verabschiedet hatte, fuhr ich direkt zum Bahnhof.
>
> Da ich noch genug Zeit hatte, ging ich in ein Café. (3) _____ ich auf meine Pizza
>
> gewartet habe, unterhielt ich mich mit einem Mann, sodass die Zeit schnell verging.
>
> (4) _____ ich dann auf die Uhr geschaut habe, waren es knapp vier Minuten bis
>
> zur Abfahrt. Gut, dass ich meine Fahrkarte schon vorher gekauft hatte. (5) _____
>
> man die Fahrkarten im Internet buchen kann, mache ich das immer online. Ich lief also
>
> schnell zum Bahnsteig. (6) _____ ich einstieg, war ein großes Gedränge. Noch
>
> (7) _____ der Zug abgefahren ist, fiel mir auf, dass meine Tasche offen war – und
>
> mein Geldbeutel WEG! Ich war in Panik! Alles weg! Ausweis, Führerschein, Kreditkarte, alles. Doch
>
> wenige Minuten später, (8) _____ ich gerade per Telefon mein Konto gesperrt
>
> hatte, kam ein Mann in mein Abteil und brachte mir meinen Geldbeutel zurück. Er hatte ihn in
>
> der Toilette gefunden. (9) _____ ich hineinschaute, sah ich, dass nur das Bargeld
>
> fehlte. Das war blöd, aber ich war trotzdem froh. Ich hoffe, dass mir so was nie wieder passiert.
>
> Liebe Grüße, bis bald
>
> Deine Emma

3   Ergänzen Sie das richtige Relativpronomen.

Hallo Anne,

danke für die E-Mail und besonders für die Fotos. Ist der

lustige Mann auf dem ersten Foto der Freund, von

(1) _dem_ du mir erzählt hast? Er sieht ganz

wie mein Studienfreund aus, (2) _____ ich

damals sehr mochte.

Ich schicke dir auch ein Foto, (3) _____ ich beim

letzten Auftritt unserer Theater-Gruppe gemacht habe. Da

siehst du meine Freunde, (4) _____ wie ich

gern auf der Bühne stehen und mit (5) _____ ich jede Woche probe.

Letzten Samstag hatten wir eine öffentliche Aufführung, bei (6) _____ wir Spenden gesammelt haben.

Alles, (7) _____ wir eingenommen haben, geht an das Kinderzentrum in der Stadt. Das wurde neu auf

der Wiese gebaut, (8) _____ wir früher immer Fußball gespielt haben. Erinnerst du dich?

Vorgestern hat mich übrigens Jana angerufen. Du weißt, das ist die, mit (9) _____ wir das Praktikum

bei der Zeitung gemacht haben. Sie kommt für ein paar Tage nach Köln und möchte uns sehen,

(10) _____ ich ganz nett fände. Du auch? Wir könnten uns in dem Lokal treffen, in (11) _____

wir manchmal unsere Abende zusammen verbracht haben.

Schreib mal, was du davon hältst.

Ganz liebe Grüße

Kira

4   Ergänzen Sie die Sätze mit der richtigen Verbform.

1. Die Mutter freut sich, wenn die Kinder im Haushalt _helfen_____ (helfen).

2. Wenn ich ein bisschen Chinesisch _____ (können), würde ich nach China reisen.

3. Würde Armin besser aufpassen, _____ (müssen) er seinen Schlüssel nicht so oft suchen.

4. Wenn Anja weniger arbeiten würde, _____ (haben) sie mehr Freizeit.

5. Karim _____ (sein) nicht langweilig, wenn er sich mit Freunden trifft.

6. _____ (sein) es heute nicht so eisig, könnte ich mit dem Fahrrad in die Arbeit fahren.

5 Ergänzen Sie *um … zu*, *damit*, *sodass*, *dass* oder *zu*. Es bleiben auch Lücken leer.

Arbeitswelt

● Frau Kühn, vergessen Sie bitte nicht, Herrn Bogemann (1) an_<u>*zu*</u>_____rufen.

○ Natürlich nicht. Was soll ich ihm (2) mit_____teilen?

● Sagen Sie bitte, dass wir erst am Abend kommen, (3) _____ er nicht wartet.

○ Kein Problem. Ich habe seine Handynummer, (4) _____ ich ihn erreichen kann.

● Die Sitzung dauert schon so lange, (5) _____ alle müde und erschöpft sind.

○ Richtig, vielleicht machen wir eine Pause, (6) _____ den Raum _____

lüften und Kaffee _____ kochen?

● Gute Idee, wir können nach der Pause die letzten Punkte (7) _____ besprechen.

● Ich möchte Ihnen Frau Grünberg (8) _____ vorstellen. Frau Grünberg ist Expertin für Marke-

tingforschung. Ich habe sie eingeladen, (9) _____ sie uns die neuesten Strategien präsentiert.

○ Ja, ich hoffe, die Strategien können Ihnen (10) _____ helfen, Ihre Produkte besser

(11) _____ verkaufen.

● Herr Schreiner, könnten Sie noch einmal alles kontrollieren, (12) _____ die Angaben ganz

genau stimmen?

○ Ich bin schon gestern länger geblieben, (13) _____ alles _____ prüfen.

Es war alles in Ordnung, (14) _____ wir die Unterlagen verschicken können.

● Wunderbar, das ist nett von Ihnen, danke.

○ Ich mache das dann. Sie brauchen sich nicht darum (15) _____ kümmern.

6 Schreiben Sie die Sätze anders.

1. ● Wir müssen Mathe und Physik lernen. (sowohl … als auch)

2. ○ Lass uns in der Bibliothek oder bei dir lernen! (entweder … oder)

3. ● Ich will nicht in der Bibliothek lernen und wir können auch nicht zu mir gehen: Meine Mutter hat heute Geburtstag. (weder … noch)

4. ○ Wir müssen aber unbedingt Rechnen üben und auch Formeln auswendig lernen. (nicht nur …, sondern auch)

5. ● Eigentlich will ich nicht alleine lernen. Aber heute passt es bei mir einfach nicht. (zwar …, aber)

6. ○ Dann lernen wir eben am Samstag und am Sonntag. O.K.? (sowohl … als auch)

7. ● O.k. Mathe und Physik sind echt doof! Aber auch total spannend! (einerseits …, andererseits)

1. *Wir müssen sowohl Mathe als auch Physik lernen.*

7   Ergänzen Sie den Text.

aber • da • dass • den • deshalb • die • ~~nachdem~~ • ob • obwohl • seitdem • trotzdem • um … zu • während • wenn • wohin • zu

(1) _Nachdem_ das Telefon am Morgen geklingelt und uns geweckt hatte, standen wir auf.

(2) _____ die Sonne schien und der Tag herrlich war, haben wir beschlossen, ins Grüne zu fahren. Früher haben wir das sehr oft gemacht, aber (3) _____ wir unsere eigene Firma haben, waren solche Ausflüge aufs Land nicht so oft möglich. Wir wollten beim Bäcker etwas kaufen,

(4) _____ haben wir nicht gefrühstückt, sondern nur einen Tee getrunken. Wir hatten vor, unterwegs in einem Gasthaus (5) _____ essen.

(6) _____ keine Zeit _____ verlieren, sind wir ins Auto gestiegen und fuhren los.

(7) _____ wir noch überlegten, (8) _____ wir genau fahren wollen, klingelte das Handy von meinem Mann. Ich habe mich gewundert, dass er das Handy nicht ausgeschaltet hatte,

(9) _____ nun es war zu spät. Es war seine Mutter, (10) _____ soeben auf die Idee gekommen war, uns zum Mittagessen einzuladen. Immer (11) _____ sie uns einlädt, kocht sie das Lieblingsessen von Ralf: Schweinebraten mit Sauerkraut und Knödeln. (12) _____ mein Mann wusste, dass ich sauer werde, hat er die Einladung angenommen. Ich habe noch gehört, wie die Schwiegermutter gefragt hatte, (13) _____ wir um eins kommen könnten. Und nachdem Ralf „Ja" geantwortet hat, wusste ich, (14) _____ unser Ausflug zu Ende war. Wir fuhren zurück. Das Mittagessen hat sehr gut geschmeckt. Auch für mich hat die Schwiegermutter etwas Leckeres gemacht, nämlich Apfelstrudel, (15) _____ ich immer sehr gern esse. Ralf und seine Mutter waren glücklich, ich hatte auch gut gegessen. (16) _____ war ich unzufrieden, dass wir nicht ins Grüne gefahren waren.

8 **P** **Lesen Sie den Text und schließen Sie die Lücken. Jedes Wort passt nur einmal. Fünf Wörter bleiben übrig.**

Tragen Sie die Ergebnisse in die Lösungszeile ein.

2 Zwerghasen zu verschenken

Männchen Till und Weibchen Tita, 3 Monate alt

Nur zusammen abzugeben

Bevorzugt an Familie mit Kindern

Anfragen an: Tina Taler unter tina.taler@hasenpfote.de

Sehr geehrte Frau Taler,

wir sind eine Familie mit drei Mädchen (10, 8, 6 Jahre), die sich schon ____1____ Längerem sehnlichst ein Haustier

wünschen. Bis jetzt waren die Kinder noch zu klein, ____2____ sich selbst richtig um Tiere zu kümmern, aber jetzt

könnte es schon klappen. Die Kinder ____3____ natürlich ein kuscheliges Tier mit weichem Fell. Das kann ich gut

verstehen. ____4____ ich eine Tierhaarallergie habe, ist das nicht so einfach. Wir haben uns jetzt auf Zwerghasen

geeinigt, weil man sie auch das ganze Jahr über ____5____ Garten halten kann. Zwei Hasen wären auch genau

richtig, ____6____ alle Mädchen sich für alle Tiere zuständig fühlen. Es ist toll, dass Ihre Tiere sich so gut verste-

hen, ____7____ sie zusammenbleiben sollen.

Wir hoffen, dass Ihnen unsere Familie als zukünftiges Zuhause für Ihre Tiere gefällt. ____8____ würden wir uns sehr

freuen, ____9____ wir bei Ihnen vorbeikommen und die Hasen anschauen ____10____.

Mit freundlichen Grüßen
Ihre Christina Sturm

---

a DA	**d** DASS	**g** IM	**j** SEIT	**m** UM
b DAMIT	**e** DESHALB	**h** MÖCHTEN	**k** SOLLTEN	**n** WANN
c DARAUF	**f** DÜRFTEN	**i** OBWOHL	**l** TROTZDEM	**o** WENN

1. _____   2. _____   3. _____   4. _____   5. _____   6. _____   7. _____   8. _____   9. _____   10. _____

15 ⟲ Verben: Perfekt, Präteritum

▶ Partizip II: Grammatik A2 Intensivtrainer NEU/Deutsch intensiv, Seite 31

▶ Präteritum: Grammatik A2 Intensivtrainer NEU/Deutsch intensiv, Seite 36

TIPP Lernen Sie Verben immer so:

Infinitiv – Präsens – Perfekt
essen – er isst – er hat gegessen
umsteigen – sie steigt um – sie ist umgestiegen

1 Hier sind Verben aus der Wortliste für A2. Erinnern Sie sich: Wie heißt das Partizip II? Schreiben Sie es in die Tabelle.

abgeben • abholen • anrufen • aufwachen • auswählen • backen • bauen • behalten • besichtigen • besuchen • einschlafen • empfehlen • fahren • fallen • helfen • hören • mitkommen • packen • schneiden • tanzen • unterschreiben • verbessern • verkaufen • verstehen • versprechen • vorstellen • weggehen

a Regelmäßige Verben

einfach	trennbar	nicht trennbar
kaufen – gekauft	aufmachen – aufgemacht	bestellen – bestellt

b Unregelmäßige Verben

einfach	trennbar	nicht trennbar
essen – gegessen	umsteigen – umgestiegen	beginnen – begonnen

TIPP Denken Sie daran: Verben, die eine Bewegung oder Veränderung beschreiben, bilden das Perfekt mit *sein*. Ausnahme: *bleiben – ist geblieben; passieren – ist passiert; sein – ist gewesen*

2 *Haben* oder *sein*?

a Welche Verben bilden das Perfekt mit *sein*? Markieren Sie.

anrufen • aufstehen • beginnen • bleiben • einschlafen • fallen • fernsehen • gehen • haben • heiraten • holen • korrigieren • leben • nehmen • passieren • reisen • renovieren • schlafen • sein • sterben • tanzen • treffen • trinken • umsteigen • umziehen • vergessen • verlieren • weggehen • werden • zurücklaufen

b Schreiben Sie Perfektformen.

ich bin aufgestanden
er hat geholt

TIPP Denken Sie daran: Um über **Vergangenes** zu **sprechen**, verwendet man
– die meisten Verben im **Perfekt**.
– die Verben *haben*, *sein* und die Modalverben im **Präteritum**.

3 Schreiben Sie die Sätze im Perfekt wie im Beispiel.

1. ● Bringen Sie bitte die Briefe zur Post!   ○ *Ich habe sie schon zur Post gebracht.*

2. ● Reservieren Sie bitte die Tickets!   ○ _____

3. ● Rufen Sie bitte die Werkstatt an!   ○ _____

4. ● Bestellen Sie bitte ein Taxi!   ○ _____

5. ● Buchen Sie bitte ein Hotelzimmer!   ○ _____

6. ● Prüfen Sie bitte die Abfahrtszeiten!   ○ _____

7. ● Holen Sie bitte Frau Pravdic ab!   ○ _____

4 Perfekt mit *haben* oder *sein* – Formulieren Sie Fragen.

1. der Chef / schon / kommen   *Ist der Chef schon gekommen?*

2. Sie / die E-Mail / gestern / lesen   _____

3. Sie / den Gästen / Getränke / anbieten   _____

4. Sie / die Briefe / verschicken   _____

5. im Meeting / etwas Schlimmes / passieren   _____

6. die Firma / nach Wien / umziehen   _____

7. Sie / den Termin / notieren   _____

8. Sie / Frau Aman / das Notebook / leihen   _____

5 Perfekt oder Präteritum – Ergänzen Sie die Gespräche.

Neu in der Stadt

● Haben Sie sich schon eingelebt, Frau Bartels?

○ Ja, danke. Ich (1) *habe* _____ zum Glück schnell eine Wohnung *gefunden* _____ (finden)

und (2) _____ (können) sofort einziehen.

● Gut, dass Sie nicht lange suchen (3) _____ (müssen). Es ist nicht leicht, eine passende

Wohnung zu finden.

○ Das stimmt. Ich (4) _____ (sein) sehr froh, als ich diese schöne Wohnung mieten

(5) _____ (können).

● (6) _____ (sein) Sie eigentlich schon im neuen Einkaufszentrum?

○ Nein, noch nicht. Ich (7) _____ (wollen) gestern dort einkaufen gehen, aber ich

(8) _____ unerwartet Besuch _____ (bekommen). Deshalb

(9) _____ (haben) ich dann keine Zeit.

> **TIPP**   Denken Sie daran: **In schriftlichen Texten** (Zeitungen, Literatur, offiziellen Dokumenten …) verwendet
> man häufig das **Präteritum**.

6   Präteritum – Ergänzen Sie die Sätze mit den Verben in Klammern.

Schlagzeilen

1.   Dreijähriger Labradorhund _reiste_____ per Autostop durch Norddeutschland   (reisen)

2.   Junger Berliner _____ Barbesitzer mit einem Hocker   (verletzen)

3.   Archäologen _____ 2800 Jahre alten Goldring   (finden)

4.   Brief _____ nach 22 Jahren _____   (ankommen)

5.   Zwei Bergsteiger _____ wegen Kälte 400 Meter unter dem Gipfel   (sterben)

6.   Volkswagen _____ für fünf Tage seine Fabrik   (schließen)

7.   Titelfavorit _____ 2:3   (verlieren)

8.   Mehrere Tausend Menschen _____ auf die Straßen   (gehen)

9.   Österreicherin _____ den Nobelpreis für Literatur   (erhalten)

10. Bundespräsidentin _____ die Buchmesse   (eröffnen)

7   Ergänzen Sie den Text mit den Verben im Präteritum.

> jammern • klettern • können • müssen • rufen • schneien • sein • sitzen • ~~werden~~

Feuerwehr holte Katze vom Baum

Gestern Morgen (1) _wurde_____ Frau F.

durch klägliches Miauen wach. Vor ihrem Fenster

(2) _____ eine Katze hoch oben

im Baum und (3) _____ laut. Da es

stark (4) _____ und sehr kalt

(5) _____, (6) _____

Frau F. die Feuerwehr.

Die Feuerwehr (7) _____ die Drehleiter ganz ausfahren, um die Katze herunterzuholen.

Das Tier (8) _____ aus Angst immer höher.

Nach einer Stunde „Katzenjagd" (9) _____ die Besitzerin, die inzwischen nach ihrer

Katze gesucht hatte, ihre Minka wieder in die Arme schließen.

16 Vergangenheit: Plusquamperfekt

▶ Temporalsätze mit *nachdem*: Seite 21

Das kennen Sie schon:

Perfekt: *haben/sein* + Partizip II

Im Mai (habe) ich mein Abitur (gemacht) und im September (bin) ich nach Italien (gegangen).

Präteritum:

Ich (hatte) Glück und (konnte) in Bologna studieren.

> Mit dem Perfekt oder dem Präteritum berichtet man über die Vergangenheit.

Das ist neu:

Plusquamperfekt: *hatte/war* + Partizip II

zuerst	**dann**
2008 (hatte) ich meine Ausbildung (begonnen).	Danach zog ich nach Stuttgart um.
Nachdem ich 2012 nach Köln (gezogen war),	fing ich dort das Studium an.

> Das Plusquamperfekt bildet man mit dem Präteritum von *haben* oder *sein* und dem Partizip II.
> Mit dem Plusquamperfekt berichtet man über Ereignisse, die in der Vergangenheit noch vor anderen Ereignissen der Vergangenheit liegen.

1 Ergänzen Sie die Verben im Präteritum oder Plusquamperfekt wie im Beispiel.

Gesundheitsprobleme

1. Die Behandlung beim Zahnarzt __*tat*__ (tun) nicht weh, weil ich zuvor eine

   Spritze __*bekommen hatte*__ (bekommen).

2. Herr Müller _____ (sein) in der letzten Woche krank, weil er sich auf der

   Dienstreise _____ (erkälten).

3. Ben _____ (legen) sich sofort ins Bett, nachdem er Fieber

   _____ (messen): 39,5°C!

4. Frau Simoni _____ (kaufen) Kopfschmerztabletten, weil sie zu Hause keine

   mehr _____ (finden).

5. Nachdem Herr Schrader beim Arzt

   _____ (sein),

   _____ (fühlen) er sich besser.

6. Frau Akito _____ (können)

   erst einschlafen, nachdem sie zwei Schlaftabletten

   _____ (nehmen).

2   Schreiben Sie die Sätze mit *nachdem.*

Meine neue Wohnung

1. die letzten Mieter / ausziehen // die Wohnung / sechs Monate / leer stehen

    Nachdem die letzten Mieter ausgezogen waren, stand die Wohnung sechs Monate leer.

2. ich / die Wohnung / besichtigen // ich / sie / sofort / mieten

    _____

3. ich / die Wände / streichen // ich / noch / den Teppichboden / reinigen / müssen

    _____

4. ich / die Fenster / putzen // meine Schwester / die Vorhänge / waschen

    _____

5. der Tischler / den Wandschrank / montieren // ich / die Kisten / auspacken / können

    _____

6. ich / eine Waschmaschine / kaufen // mein Vater / sie / anschließen

    _____

7. ich / alles / einrichten // ich / eine Einweihungsparty / machen

    _____

3   Ergänzen Sie den Text. Wählen Sie Präteritum oder Plusquamperfekt.

Meine Kindheit (1) ___*verbrachte*___ (verbringen) ich zuerst in Dortmund. Dann (2) _____

meine Eltern nach Stuttgart _____ (umziehen), weil mein Vater dort eine bessere Arbeit

(3) _____ (finden). Meine Ausbildung (4) _____ (verlaufen) problemlos.

Nachdem ich meine Noten in der elften und zwölften Klasse (5) _____ (verbessern),

(6) _____ (bestehen) ich das Abitur und (7) _____ (machen) dann einen

Freiwilligendienst im Sportverein. Als der Freiwilligendienst zu Ende (8) _____ (sein),

(9) _____ (ziehen) ich wie meine anderen Schulfreunde nach Berlin und (10) _____

(beginnen) mein Studium. Während des Studiums (11) _____ (können) ich auch ein Semester

in Florenz studieren, weil ich vorher einen Italienischkurs (12) _____ (machen).

Mit dem Aufenthalt in Florenz (13) _____ (sein) ich sehr zufrieden, trotzdem

(14) _____ (kommen) ich nach Berlin zurück. Ich (15) _____ (studieren)
dort

Philosophie, Germanistik und Kunstgeschichte. Wegen meiner Sprachkenntnisse, die ich in Italien

(16) _____ (erwerben), (17) _____ (bekommen) ich eine Stelle als

Auslandskorrespondent und (18) _____ (gehen) wieder nach Florenz.

17 Futur I

Das kennen Sie schon:

Der Bus fährt **in fünf Minuten** ab. **Morgen Abend** gehe ich ins Kino.	Zeitangabe + Verb im Präsens
Ich **möchte** heiraten und drei Kinder bekommen. Ich **will** den Führerschein machen.	Modalverb *möchten* oder *wollen*
Ich **verspreche**, sofort eine Mail zu schicken. Ich **habe vor**, das Rauchen aufzuhören.	Verben wie *versprechen, vorhaben, anfangen*

Mit dem Präsens kann man auch über Ereignisse in der Zukunft sprechen.

Das ist neu:

Das Futur I bildet man so: ***werden*** + Verb im Infinitiv

	werden		Infinitiv
Ich	werde	dich	anrufen.
Du	wirst	sicher	gewinnen.
Er	wird	den Bericht	schreiben.
Wir	werden	ein Angebot	machen.
Ihr	werdet	die Tickets	bekommen.
Sie	werden	Deutsch	lernen.

Mit dem Futur I spricht man über Ereignisse in der Zukunft.

1 Sagen Sie es anders. Formulieren Sie die Sätze mit Futur I um, wenn möglich.

Urlaubspläne

1. Ich habe vor, für sechs Wochen zu verreisen.

2. Ich möchte nach Argentinien fahren.

3. Gestern habe ich die Reiseunterlagen bekommen.

4. Bald packe ich die Koffer.

5. Morgen erzähle ich es meiner Familie.

6. Meine Cousine lebt nämlich in Buenos Aires.

7. Zuerst fahre ich zu ihr.

8. Am 15.5. geht es los!

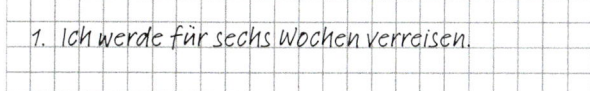

1. Ich werde für sechs Wochen verreisen.

2   Ergänzen Sie die Sätze wie im Beispiel.

Besprechung

1. ● Sind Sie mit Ihrer Diplomarbeit bald fertig?

   ○ Ja, ich _werde_ sie nächsten Monat _abgeben_. (abgeben)

2. ● Korrigieren Sie jetzt den Artikel von Frau Roth?

   ○ Nein, das _____ ich erst im nächsten Monat _____. (machen)

3. ● Bis wann _____ Sie den Text _____? (ergänzen)

   ○ Ich habe ihn schon gestern ergänzt.

4. ● Haben Sie die Rezension schon geschrieben?

   ○ Nein, aber ich _____ sie in den nächsten Tagen _____. (schreiben)

5. ● Sind die Ergebnisse schon gekommen?

   ○ Ja, ich _____ sie morgen mit Ihnen _____. (besprechen)

6. ● Brauchen Sie noch meine Hilfe?

   ○ Nein, danke, ich glaube, ich _____ das alleine _____. (schaffen)

7. ● Welche Texte möchten Sie noch lesen?

   ○ Wenn ich genug Zeit habe, _____ ich alle Texte _____. (lesen)

3   Formulieren Sie Sätze. Was werden Sie machen, was nicht?

Gute Vorsätze für das neue Jahr

1. früher aufstehen   _Ich werde (nicht) früher aufstehen._

2. mehr Sport treiben   _Ich werde (nicht) mehr Sport treiben._

3. mich gesünder ernähren   _____

4. regelmäßig zum Zahnarzt gehen   _____

5. den Schreibtisch öfter aufräumen _____

6. alte E-Mails löschen   _____

7. weniger Geld ausgeben   _____

8. mit dem Rauchen aufhören   _____

9. die Zahnpastatube zudrehen _____

   _____

10. Wasser sparen   _____

   _____

18 Das Passiv 🎬

▶ Passiv: Grammatik A2 Intensivtrainer NEU/Deutsch intensiv, Seite 23

Das kennen Sie schon:

Die Handwerker (renovieren) Annas Wohnung.

Annas Wohnung (wird) gerade (renoviert).

Aktiv: Wer macht etwas?

Passiv: Was wird gemacht?

> Das Passiv bildet man mit *werden* + Partizip II.
> Beim Passiv steht im Vordergrund, was gemacht wird oder passiert. Wer etwas macht, ist nicht so wichtig.
> Die handelnde Person kann aber mit *von* + Dativ ergänzt werden: *Die Wohnung wird **von den Handwerkern** renoviert.*

Das ist neu:
Weitere Passivformen

Annas Wohnung wurde renoviert.

Annas Wohnung ist renoviert worden.

Annas Wohnung war renoviert worden.

Annas Wohnung muss renoviert werden.

Präteritum: *wurde* + Partizip II

Perfekt: *ist* + Partizip II + *worden*

Plusquamperfekt: *war* + Partizip II + *worden*

Passiv mit Modalverb: Modalverb + Partizip II + *werden*

> In der Vergangenheit wird das Passiv am häufigsten im Präteritum verwendet.

Zusammenhang von Aktiv und Passiv

Die Maler malen die Küche gelb an.

Akkusativ

➜ Die Küche wird (von den Malern) gelb angemalt.

➜ **Nominativ**

> Der Akkusativ im Aktiv-Satz wird zum Nominativ im Passiv-Satz.

man

Vor dem Auszug (muss) **man** die Wohnung weiß (streichen).

= Vor dem Auszug (muss) die Wohnung weiß (gestrichen werden).

> Ein Passiv-Satz kann oft durch einen Aktiv-Satz mit *man* ersetzt werden.

1 Welche Verbform passt? Markieren Sie.

Im Hotel

1. Für Familie Greil (ist)/~~wird~~ ein Zimmer mit Meerblick gebucht worden.

2. Die Rechnung kann nur mit Kreditkarte bezahlt *werden/worden*.

3. Das Abendessen wird von 18–20 Uhr *servieren/serviert*.

4. Die Koffer sind schon auf das Zimmer gebracht *geworden/worden*.

5. Die Gäste *worden/wurden* pünktlich vom Flughafen abgeholt.

6. Die Zimmer müssen bis 10 Uhr *geräumt/räumen* werden.

2   Was passt zusammen? Ordnen Sie zu.

Renovierung

1. Das Schlafzimmer	_____ a) frisch gestrichen worden.
2. Die Kinderzimmer	_1._____ b) wird neu tapeziert.
3. Das Wohnzimmer muss	_____ c) neue Fliesen verlegt worden.
4. Das Badezimmer ist	_____ d) werden frisch gestrichen.
5. Im Keller müssen	_____ e) ein neuer Teppich verlegt.
6. Im Büro wird	_____ f) neue Fliesen verlegt werden.
7. In der Küche sind	_____ g) neu tapeziert werden.

3   Ergänzen Sie die Verben im Passiv.

ausgeben • basteln • kaufen • ~~organisieren~~ • schmücken • singen

1. In der Adventszeit _werden_ viele Weihnachtsmärkte _organisiert_.

2. In dieser Zeit _____ Adventslieder _____.

3. In vielen Familien _____ Weihnachtsschmuck _____.

4. Für Freunde und die Familie _____ Geschenke _____.

5. Zu Weihnachten _____ meist viel Geld _____.

6. Der Weihnachtsbaum _____ oft mit Kugeln _____.

4   Schreiben Sie Sätze wie im Beispiel.

In der Stadt

1. am Michaelsplatz / eine neue Schwimmhalle / bauen

   Am Michaelsplatz wurde eine neue Schwimmhalle gebaut. //
   Am Michaelsplatz ist eine neue Schwimmhalle gebaut worden.

2. die Ausstellung / gestern / eröffnen

   _____

3. am Sonntag / eine Demo / organisieren

   _____

4. die Straße / wegen Bauarbeiten / sperren

   _____

5. die Universität / im 18. Jahrhundert / gründen

   _____

6. das Theater / vor 300 Jahren erbauen

   _____

5 Vervollständigen Sie die Sätze wie im Beispiel.

1. (nicht rauchen): In Restaurants darf _nicht geraucht werden._ _____

2. (nicht stören): Ich möchte bei dieser Arbeit _____.

3. (bezahlen): Diese Rechnung muss noch _____.

4. (abholen): Die Bestellung kann heute _____.

5. (wecken): Inga wollte schon um 6 Uhr _____.

6. (verkaufen): Das Haus konnte endlich _____.

6 Schreiben Sie die Sätze im Passiv.

Festvorbereitungen

1. Herr Kramer hat die Gästeliste geschrieben.
2. Er hat die Einladungen verschickt.
3. Er hat das Essen und die Getränke bestellt.
4. Das Catering liefert das Essen um 17:30 Uhr.
5. Die Taxis holen die Gäste pünktlich ab.
6. Herr Kramer eröffnet um 18:30 Uhr das Buffet.
Das Fest kann beginnen!

1. Die Gästeliste wurde (von Herrn Kramer) geschrieben / ist (von Herrn Kramer) geschrieben worden.

7 Schreiben Sie die Sätze um wie im Beispiel.

Kaffeekochen

1. Zuerst wird Wasser eingefüllt.   _Zuerst füllt man Wasser ein._ _____

2. Dann wird der Filter eingesetzt.   _____

3. Anschließend wird das Kaffeepulver abgemessen.   _____

4. Dann wird die Kaffeemaschine eingeschaltet.   _____

5. Bald kann der Kaffee genossen werden!   _____

8 werden / worden / geworden – Ergänzen Sie. Welche Sätze stehen im Passiv?

1. Lilly will Tierärztin _werden_____.

2. Tims Oma ist gestern 85 _____.

3. Morgen soll es schön _____.

4. Carls Fahrrad ist gestohlen _____.

5. Elas Zahn musste gezogen _____.

6. Toni wollte Busfahrer _____ und ist Lokführer _____.

9   Ergänzen Sie den Text mit den Sätzen im Passiv.

Wohnungsbesichtigung

● Frau Riedel, die Wohnung gefällt mir, aber ich hätte noch ein paar Fragen.

○ Ja, bitte, was möchten Sie denn gern wissen?

● (1) _Wie wird die Wohnung beheizt?_ (wie / die Wohnung / beheizen)

○ Im ganzen Gebäude gibt es Gasheizung.

● Ach so. Ich habe außerdem noch ein paar größere Sachen: ein Schlauchboot, eine alte Waschmaschine, Skier. Wo kann man das hier aufbewahren?

○ (2) _____. (solche Sachen / aufbewahren / im Keller)

    Dort gibt es einen Abstellraum.

● Das ist gut. Ich wollte noch wissen, ob es hier Internetzugang gibt.

○ Aber selbstverständlich. (3) _____

    _____. (vor zwei Jahren / Internet / im ganzen Haus / installieren)

    Da können Sie schnell und problemlos surfen, fernsehen und telefonieren.

● Das freut mich sehr, für meine Arbeit ist es nämlich sehr wichtig. Oh, ich sehe, in der Küche müssen noch die Wände gestrichen werden.

○ Das ist kein Problem. (4) _____.

    (das / an einem Tag / machen können)

● Da haben Sie recht, die Küche ist relativ klein. Sind die Gas- und Stromleitungen in gutem Zustand?

○ (5) _____. (das Haus / bauen / vor 10 Jahren)

    Also, es ist nicht alt. (6) _____. (regelmäßig / die Leitungen / überprüfen)

    Ich habe noch zwei Informationen für Sie. Im Treppenhaus

    (7) _____

    (nicht / rauchen / dürfen) und

    (8) _____

    _____. (die Eingangstür / immer / abschließen / müssen)

○ Alles klar, vielen Dank für Ihre Geduld. Ich melde mich dann bis morgen Abend bei Ihnen.

19 Zusammenfassung: Verbformen

1 Ergänzen Sie den Text mit den Verben …

a im Präteritum.

> geben • können • liegen • scheinen • schlafen • ~~sein~~ • werden

Es (1) _war_ Abend. Am Himmel (2) _____ es keine Wolken und der Mond

(3) _____ sehr hell. Es (4) _____ ganz still und ruhig. Nur aus der Ferne

(5) _____ man ab und zu ein vorbeifahrendes Auto hören. Max (6) _____

im Bett, (7) _____ aber noch nicht.

b im Perfekt.

> aussteigen • bemerken • kommen • ~~treffen~~ • umziehen • unterhalten

Ich (1) _habe_ Doris zufällig an der Haltestelle _getroffen_. Ich (2) _____ gerade aus

der U-Bahn _____ und da (3) _____ ich sie _____.

Wir (4) _____ uns nur kurz _____, weil ihre Straßenbahn gleich

(5) _____ _____. Ich weiß nur, dass sie (6) _____

_____ und dass es ihr gut geht.

c im Futur I.

> einweihen • geben • ~~organisieren~~ • teilnehmen

Im Juli (1) _werden_ wir zum zweiten Mal das Internationale Gitarrenseminar _organisieren_. Dazu laden

wir euch herzlich ein. Bekannte Musiker (2) _____ daran _____ und sie

(3) _____ euch sicher in die Geheimnisse der Gitarre _____! Außerdem

(4) _____ es ein interessantes Rahmenprogramm _____.

2 Ergänzen Sie die Verben in der richtigen Form (Präsens, Präteritum, Plusquamperfekt, Aktiv/Passiv).

> **Brand in einer Bäckerei**
>
> ERLANGEN – Gestern Abend (1) _wurde_ in einer Bäckerei ein Schaden von 10.000 Euro
>
> _verursacht_ (verursachen). Durch einen Brand (2) _____ die Backstube
>
> _____ (verwüsten), der Backofen (3) _____ dabei
>
> _____ (zerstören). Da niemand mehr in der Backstube (4) _____ (sein),
>
> (5) _____ (geben) es keine Verletzten. Die Flammen (6) _____ von
>
> einer Verkäuferin _____ _____ (bemerken). Sie
>
> (7) _____ auch die Polizei und die Feuerwehr _____ (anrufen). Als
>
> Brandursache (8) _____ bisher ein technischer Defekt _____ (vermuten).
>
> Voraussichtlich (9) _____ (können) die Bäckerei erst wieder öffnen, wenn die Untersu-
>
> chungen (10) _____ _____ (abschließen).

3   Welche Verbform ist richtig? Kreuzen Sie die richtige Lösung an.

Lieber Olaf,

entschuldige bitte, dass ich mich vor Weihnachten

nicht gemeldet habe, aber ich war so mit der Arbeit beschäftigt,

dass ich es nicht geschafft habe.

Wie geht es dir? Wie _____1_____ du die Feiertage

verbracht? Du _____2_____ doch immer an Weihnachten

in warme Länder fahren. Hast du deinen Wunsch realisiert?

Ich _____3_____ wie immer bei meinen Eltern, wo sich meine

ganze Familie _____4_____. Also, das _____5_____ du dir vorstellen:

elf Personen zwei Tage lang zusammen! Es war nicht einfach,

aber es _____6_____ alles glatt _____6_____. Nur mit der Weihnachtsgans war es lustig. Nachdem meine Oma sie in

den Ofen _____7_____, ging Oma weg. Ich blieb alleine in der Küche, nahm das Salz, salzte nach und ging ins Wohn-

zimmer. Danach kam meine Schwester in die Küche und salzte die Gans, weil sie _____8_____, dass Oma zu wenig

salzt. Das _____9_____ noch nicht alles. Danach ist meine Mutter in die Küche gekommen und salzte die Gans zum

dritten Mal. Als die Gans fertig war, _____10_____ wir uns an den Tisch und wollten essen. _____11_____ dir unsere

Familie vor, als wir die Gans probierten: Man _____12_____ sie nicht essen.

Am Ende haben wir gelacht, aber meine Oma war so sauer, dass sie kein Wort mehr mit uns reden _____13_____.

Wir mussten uns bei ihr entschuldigen und _____14_____, uns beim Kochen nicht mehr einzumischen. Jetzt

_____15_____ du die Geschichte!

Ich wünsche dir noch ein gutes, gesundes neues Jahr und _____16_____, dass wir uns bald wiedersehen.

Viele Grüße
Ingo

---

1. (a) habt
   (b) hast
   (c) hattest

2. (a) darfst
   (b) musst
   (c) willst

3. (a) bin
   (b) war
   (c) werde

4. (a) getroffen hat
   (b) treffen will
   (c) treffen wird

5. (a) darfst
   (b) musst
   (c) willst

6. (a) ist … verlaufen
   (b) verlief
   (c) war … verlaufen

7. (a) geschoben hatte
   (b) schiebt
   (c) schob

8. (a) gewusst hatte
   (b) weiß
   (c) wissen wird

9. (a) war
   (b) wird
   (c) wurde

10. (a) saßen
    (b) setzen
    (c) setzten

11. (a) Gestellt
    (b) Stell
    (c) Stellte

12. (a) durfte
    (b) konnte
    (c) musste

13. (a) will
    (b) wird
    (c) wollte

14. (a) haben versprochen
    (b) hatten versprochen
    (c) werden versprechen

15. (a) kannst
    (b) kanntest
    (c) kennst

16. (a) hoffe
    (b) hoffte
    (c) werde hoffen

4 P Welche Wörter passen hier? Kreuzen Sie die richtige Lösung an.

Christian König
Escher Str. 7
50767 Köln

Fitness-Studio „Fit und gesund"
Johannesstr. 2
50767 Köln

Verlängerung des Abonnements

(0) Damen und Herren,   Köln, den 11.20..

mein Probeabonnement über sechs Monate läuft im Dezember (1).
Inzwischen gefällt mir der Sport in Ihrem Studio aber sehr gut. Daher (2) ich mein Abonnement um sechs
Monate verlängern. Da ich im Herbst für 1–2 Jahre ins Ausland (3), ist es für mich nicht sinnvoll, länger in
Ihrem Studio Mitglied (4).
Bitte (5) mir bald Bescheid, ob eine sechsmonatige Verlängerung des Abonnements möglich (6).

Mit bestem Dank und freundlichen Grüßen

Christian König

Beispiel: 0 [a̶] Sehr geehrte   [b] Sehr geehrten   [c] Sehr geehrter

1 [a] an   [b] aus   [c] ein

2 [a] darf   [b] möchte   [c] muss

3 [a] gegangen bin   [b] gehen werde   [c] ging

4 [a] sein   [b] ist   [c] zu sein

5 [a] geben Sie   [b] gebt   [c] gib

6 [a] gewesen ist   [b] ist   [c] war

20 ↻ Nomen und Artikelwörter: *der, dieser, (was für) ein, kein, mein, welcher*

▸ Nomen und Artikelwörter: Grammatik A2 Intensivtrainer NEU/Deutsch intensiv, Seite 51

▸ Formen der Nomen und Artikelwörter: Seite 58

TIPP Denken Sie daran: Man verwendet
– den **unbestimmten Artikel**, um **Neues/Unbekanntes** einzuführen.
– den **bestimmten Artikel**, um sich auf schon **Bekanntes** zu beziehen.
– den **Negationsartikel**, um Dinge zu **verneinen**.
– den **Possessivartikel**, um **Zugehörigkeiten** auszudrücken.

1 Ergänzen Sie die richtige Form des bestimmten oder des unbestimmten Artikels.

Auf der Party

● Herzlichen Glückwunsch zum Geburtstag. Hier ist (1) __*ein*__ kleines Geschenk für dich.

○ Oh, danke, das ist sehr lieb von dir. Was ist es denn?

● Das ist (2) _____ Überraschung, du musst es auspacken.

○ (3) _____ Reiseführer für Amsterdam. Toll, genau (4) _____ Buch wollte ich mir sowieso

vor (5) _____ Reise kaufen. (6) _____ tolles Geschenk,
danke sehr. Komm rein und setz dich. Hier ist noch (7) _____
Stuhl frei.

● Danke. Kann ich bitte zuerst (8) _____ Glas Wasser haben?
Ich habe schrecklichen Durst.

○ Natürlich, bitte, hier hast du (9) _____ Wasser. Möchtest du auch

(10) _____ Kaffee?

● Ja, gern. Und natürlich (11) _____ Stück von (12) _____
Geburtstagstorte!

2 Ergänzen Sie die richtige Form des unbestimmten Artikels und des Negationsartikels.

● Ich bin gestern spät aus dem Urlaub zurückgekommen und habe (1) __*keine*__ frischen Lebensmittel
zu Hause. Kannst du mir etwas leihen?

○ Was brauchst du denn?

● Hast du vielleicht (2) _____ Stück Brot?

○ Nein, ich habe (3) _____ Brot, aber zwei Brötchen.

● Toll! Und hast du auch (4) _____ Tomaten?

○ Nein, ich habe leider (5) _____ Tomaten mehr. Aber magst du vielleicht (6) _____ rote

Paprika oder (7) _____ Gurke?

● (8) _____ Gurke wäre super. Und hast du vielleicht noch (9) _____ Liter Milch?

○ Ja. Aber komm doch zu (10) _____ Tasse Kaffee rein, dann trinken wir die Milch zusammen!

● Hm, ich mag aber gar (11) _____ Milch im Kaffee … Ich wollte Pfannkuchen machen.

Hast du denn noch (12) _____ Eier?

TIPP Denken Sie daran: Der Possessivartikel richtet sich nach dem Nomen, das er begleitet, und dem Besitzer. Achtung in der 3. Person Singular auf *sein* bzw. *ihr*!

3   Ergänzen Sie die richtige Form des Possessivartikels.

1. Immer suchst du __deine__ Brille und __deinen__ Autoschlüssel! Pass doch besser darauf auf!

2. Ich kann dir _____ Deutschbuch leihen, ich habe _____ Hausaufgaben schon gemacht.

3. Morgen fahren wir schon weg! Wir müssen endlich _____ Koffer packen!

4. Katharina liebt _____ Hund über alles. Er schläft sogar in _____ Bett.

5. Kinder, wo habt ihr _____ Jacken? Wir gehen gleich!

6. Die Studenten bereiten Referate für _____ Seminar vor.

7. Der alte Mann liebt _____ Katze über alles. Sie schläft sogar in _____ Bett.

TIPP Denken Sie daran: Man verwendet
  – *dieser, dieses, diese*, um sich auf schon **Bekanntes** zu beziehen und **konkret** darauf zu verweisen.
  – *was für eine*, um die **Art** von etwas **zu erfragen**.
  – *welcher, welches, welche*, um etwas **aus einer Menge auszuwählen**.
  – **Achtung:** *was für ein* im Plural wird zu *was für welche*!

4   Ergänzen Sie die richtige Form von *dieser, was für ein* und *welcher*.

Im Geschäft

● Ich suche ein Geschenk für meine Enkelin, am besten etwas zum Spielen.

○ (1) __Was für ein__ Spielzeug soll es denn sein? Eine Puppe oder ein

Kuscheltier oder etwas zum Bauen?

● Etwas für die Puppe ist gut. Was ist denn mit (2) _____ Angebot hier?

○ (3) _____ Kleid ist für eine Puppe, Größe 42. (4) _____ Größe hat

denn die Puppe Ihrer Enkelin?

● Oh, das weiß ich nicht. Dann nehme ich lieber etwas anderes. (5) _____ Tier könnte

einer _____ Fünfjährigen gefallen? Ein Känguru vielleicht?

○ Natürlich! Wir haben zwei verschiedene: Ein Känguru hat ein Baby im Beutel und dann haben wir noch

(6) _____ hier. (7) _____ Känguru gefällt Ihnen besser?

● Ich nehme das mit dem Baby. Das gefällt Inka bestimmt – (8) _____ Kängurubaby

ist so süß!

TIPP Denken Sie daran: In einigen Wendungen steht vor dem Nomen kein Artikel.
  Sein Name ist Christian Kaiser (vor **Namen**).
  Er ist Spanischlehrer (vor **Berufen**).
  Er ist Deutscher (vor **Nationalitäten/Sprachen**) *und lebt in Salzburg* (vor **Städten**).
  Das liegt in Österreich (vor den meisten **Ländern**).
  Er isst sehr gern Eis (vor unbestimmten **Mengen**).
  Er hat einmal 20 Kugeln Eis (nach **Mengenangaben**) *gegessen!*

21 Nomen und Artikelwörter im Genitiv

Das kennen Sie schon:

	Maskulin		Neutrum		Femininum		Plural	
Nominativ Wer? Was?	der	Garten	das	Haus	die	Straße	die	Bäume
	dieser	Garten	dieses	Haus	diese	Straße	diese	Bäume
	welcher	Garten	welches	Haus	welche	Straße	welche	Bäume
	ein	Garten	ein	Haus	eine	Straße	–	Bäume
	kein	Garten	kein	Haus	keine	Straße	keine	Bäume
	mein	Garten	mein	Haus	meine	Straße	meine	Bäume
Akkusativ Wen? Was?	den	Garten	das	Haus	die	Straße	die	Bäume
	diesen	Garten	dieses	Haus	diese	Straße	diese	Bäume
	welchen	Garten	welches	Haus	welche	Straße	welche	Bäume
	einen	Garten	ein	Haus	eine	Straße	–	Bäume
	keinen	Garten	kein	Haus	keine	Straße	keine	Bäume
	meinen	Garten	mein	Haus	meine	Straße	meine	Bäume
Dativ Wem?	dem	Garten	dem	Haus	der	Straße	den	Bäumen
	diesem	Garten	diesem	Haus	dieser	Straße	diesen	Bäumen
	welchem	Garten	welchem	Haus	welcher	Straße	welchen	Bäumen
	einem	Garten	einem	Haus	einer	Straße	–	Bäumen
	keinem	Garten	keinem	Haus	keiner	Straße	keinen	Bäumen
	meinem	Garten	meinem	Haus	meiner	Straße	meinen	Bäumen

Das ist neu:

	Maskulin		Neutrum		Femininum		Plural	
Genitiv Wessen?	des	Gartens	des	Hauses	der	Straße	der	Bäume
	dieses	Gartens	dieses	Hauses	dieser	Straße	dieser	Bäume
	welches	Gartens	welches	Hauses	welcher	Straße	welcher	Bäume
	eines	Gartens	eines	Hauses	einer	Straße	–	Bäume
	keines	Gartens	keines	Hauses	keiner	Straße	keiner	Bäume
	meines	Gartens	meines	Hauses	meiner	Straße	meiner	Bäume

> Im Genitiv bekommen Nomen im Maskulinum und Neutrum meist die Endung *-(e)s*.

Vergleichen Sie:

Das ist das Arbeitszimmer **des Professors**. = Das ist das Arbeitszimmer **vom (= von dem) Professor**.

> Der Genitiv wird in der Umgangssprache oft durch *von* + *Dativ* ersetzt.

1 Schreiben Sie wie im Beispiel.

1. der Hit – das Jahr   *der Hit des Jahres*

2. das Auto – mein Bruder   _____

3. der Beginn – der Film   _____

4. die Sperrung – eine Straße   _____

5. die Reparatur – das Gerät   _____

6. die Adresse – unsere Firma   _____

7. die Bestellung – diese Produkte   _____

2   Ergänzen Sie die Nomen in der richtigen Form.

Gärten

1. Millionen Hobbygärtner feiern heute _den Tag des Gartens_
   (der Tag / der Garten).

2. Für viele ist das ein Hobby, bei dem sie _____
   _____ (die Hektik / der Alltag) vergessen
   können.

3. Wir wollen uns deshalb mit _____ (die Präsidentin /
   der Gartenverband) treffen.

4. Besonders _____ (der Sommer / dieses Jahr) war für
   die Hobbygärtner eine schwere Zeit.

5. Am Ende der Saison wird _____ (eine Ausstellung /
   die Gartenpflanzen) organisiert.

6. Den ersten Platz hat in diesem Jahr die Rose mit dem Namen „_____
   _____" (die Königin / der Westen) belegt.

7. _____ (die Besucher / die Ausstellung) hatten auch
   die Möglichkeit, viele Pflanzen billiger zu kaufen.

3   Ergänzen Sie die Sätze wie im Beispiel.

In der Arbeit

1. ● Herr Schlader, Sie haben ein tolles Büro.
   ○ Das ist leider nicht von mir. Das ist das Büro _meines Chefs_ (mein Chef).

2. ● Frau Loska, könnten Sie mir die Handynummer _____ (Ihre Kollegin) geben?
   ○ Natürlich, aber Sie finden sie auch im Telefonverzeichnis.

3. ○ Entschuldigung, könnte ich den Laptop hier benutzen?
   ○ Das ist der Laptop _____ (unsere Sekretärin). Ich hole Ihnen einen anderen.

4. ● Brauche ich für den Kopierer einen Code?
   ○ Nein, die Zahl _____ (die Kopien) wird nicht geprüft.

5. ● Ich möchte noch dieses Programm installieren.
   ○ Lassen Sie, die Installation _____ (diese Software) kann bis morgen warten.

6. ● Schade, dass man das Fenster nicht öffnen kann.
   ○ Ja, da haben Sie recht, das ist der Nachteil _____ (die Klimaanlage).

7. ● Sind alle Büroräume so klein?
   ○ Ja, leider. Die Fläche _____ (die Büroräume) ist überall so.

22 Weitere Artikelwörter: Indefinitartikel

▶ Formen der Artikelwörter: Seite 58

Das kennen Sie schon:

jeder, jedes, jede Plural: alle	**Jedes** Kind hat eine Mutter.	= *alle*
alle (Pl.)	**Alle** Kinder haben Eltern.	

Das ist neu:

mancher, manches, manche Plural: manche	**Manche** Kinder haben einen Bruder oder eine Schwester.	= *nicht alle, einige*
einige (Pl.)	**Einige** Kinder haben Geschwister.	

> Diese Artikelwörter haben die Formen wie der bestimmte Artikel *der, das, die*.

irgendein, irgendeine Plural: irgendwelche	Ich kaufe **irgendeinen** Käse, o.k.?	= *die Käsesorte ist nicht wichtig*

> Dieses Artikelwort hat im Singular die Formen wie der unbestimmte Artikel *ein, eine*. Der Plural lautet *irgendwelche*.

1 Ergänzen Sie das richtige Artikelwort.

Sonntagsausflug

> alle • allen • irgendeine • irgendeinen • irgendwelche • ~~jeden~~ • jedes • manche

(1) ___*Jeden*___ Sonntag ist es dasselbe in unserer Familie. Wir suchen (2) _____ Ideen, um

den Tag zusammen zu verbringen. (3) _____ Kind will etwas anderes machen, vor allem <u>nicht</u>

wandern. Denn wir Eltern würden immer gern wandern: (4) _____ Weg durch den Wald, über die

Wiesen und Felder – egal, Hauptsache, wir sind zusammen draußen in der Natur. (5) _____ Vor-

schläge finden eine Mehrheit, z. B. ins Schwimmbad gehen, aber nicht (6) _____ Familienmitglie-

der sind damit zufrieden. Meistens beschließen dann wir Eltern nach längerer Diskussion (7) _____

Unternehmung. Und was das Beste ist: Am Ende des Tages hat es auch (8) _____ Kindern

gefallen!

2 Ergänzen Sie das richtige Artikelwort in der richtigen Form.

Nach der Arbeit

> all- • irgendein- • jed- • jed- • ~~manch-~~ • viel-

1. ___*Manche*___ Leute lieben die Bewegung, sie machen _____ Sport gern, egal welchen.

2. _____ Leute freuen sich abends über _____ Treffen mit

   anderen, auf eine gute Unterhaltung, ein nettes Beisammensein.

3. Egal, wie man seine Abende verbringt: _____ Menschen suchen auf _____ Art

   Entspannung vom Arbeitstag: beim Sport, auf der Couch, unterwegs, allein oder zu mehreren.

23 Die n-Deklination 🎬

Das ist neu:

	Singular	Plural
Nominativ	der Junge	die Jungen
Akkusativ	den Jungen	die Jungen
Dativ	dem Jungen	den Jungen
Genitiv	des Jungen	der Jungen

> Die maskulinen Nomen der n-Deklination haben außer im Nominativ immer die Endung -(e)n.

Zur n-Deklination gehören:

- maskuline Nomen mit der Endung -e
  z. B. *der Kollege, der Name, der Pole, der Schwede, der Löwe …*
- viele maskuline Nomen, die Personen und Tiere bezeichnen
  z. B. *der Bär, der Bauer, der Chirurg, der Nachbar, der Mensch, der Herr …*
- Internationalismen auf *-ant, -ent, -ist, -at, -oge*
  z. B. *der Praktikant, der Student, der Tourist, der Automat, der Pädagoge …*

1 Wählen Sie das Nomen der n-Deklination und ergänzen Sie dann die Sätze.

1. Ich habe in der Stadt __*einen Kollegen*_____ (ein Kollege, ein Freund) getroffen, den ich schon

   lange nicht mehr gesehen habe.

2. Zur Eröffnung der Ausstellung sollten wir auch _____ (ein Reporter, ein

   Journalist) einladen.

3. Ulrica ist in _____ _____ (ein Student, ein Professor) aus Korea verliebt und total glücklich.

4. Freunde sind für _____ (jede Person, jeder Mensch) wichtig.

5. Lassen wir uns von _____ (ein Tourist, ein Besucher) vor dem Schloss fotogra-

   fieren. Das ist so ein toller Hintergrund!

6. Ich habe _____ (der Name, die Adresse) von meinem Arzt vergessen!

2 Ergänzen Sie die Nomen der n-Deklination.

Lokalnachrichten

> **10. Geburtstag**
>
> Unsere Klinik wird 10 Jahre alt. Aus diesem Anlass findet am Samstag ein „Tag der offenen Tür" statt.
> Informationen zu verschiedenen medizinischen Themen und kostenlose Beratung stehen auf dem
> Programm.
> Möchten Sie sich von (1) __*einem Experten*__ (ein Experte) beraten lassen? Brauchen Sie den Rat
> (2) _____ (ein Psychologe)? Haben Sie vor, (3) _____ (ein Schön-
> heitschirurg) zu besuchen? Das alles können Sie an diesem Tag gratis bei uns machen. Außerdem haben
> wir für (4) _____ (jeder Patient) eine Broschüre mit den wichtigsten Informationen
> zusammengestellt.

Sportnachrichten

Der Hauptpreis des zweiten Berliner Marathons der

Inlineskater geht in diesem Jahr an

(1) ___*den Franzosen*___ (der Franzose)

Henri Moreau.

Im Halbfinale der Japan Open besiegte der Deutsche

Ralf Schöbbingen seinen stärksten

(2) _____ (Rivale), (3) _____ (der Brite) John Green.

Großer Erfolg für (4) _____ (der Finne) Tomi Leinens. Bei den deutschen

Meisterschaften im Springreiten gewann der junge Reiter unerwartet den Optimum-Preis.

Die Hallen-Leichtathletik–Wettkämpfe gehen heute in die zweite Runde. Wir drücken die Daumen für unseren

deutschen Weitspringer Markus Müller, der zurzeit den dritten Platz hinter

(5) _____ (der Pole) Jakub Zalewski und

(6) _____ (der Russe) Kolja Iwanow belegt.

3   Schreiben Sie die Sätze. Achten Sie auf die Nomen der n-Deklination.

1. Dr. Lang / oft / ein Patient / beim Einkaufen / treffen

    ___*Dr. Lang trifft oft einen Patienten beim Einkaufen.*_____

2. man / der Polizist / nach dem Weg / fragen können

    ___*Man*_____

3. die Sekretärin / gerade / mit / Herr Schmidt / telefonieren

    ___*Die*_____

4. Herr Schreiber / sein Nachbar / jeden Sonntag / zum Kaffee / einladen

    ___*Herr Schreiber*_____

5. Tierschützer / um den Bestand / die Elefanten und die Löwen / sich sorgen

    ___*Tierschützer*_____

6. der Umweltschutz / für / jeder Ökologe / eine wichtige Aufgabe / sein

    ___*Der*_____

24 Zusammenfassung: Nomen und Artikelwörter

1 [P] **Lesen Sie den Text. Welches Wort (a, b, c) passt in die Lücken 1–16?**

An der Westfalenstraße 33 wurde _____**1**_____ neues Hair & Beauty-Studio eröffnet. In zwei Etagen in Räumen,

die von _____**2**_____ japanischen Innenarchitekten schlicht, aber stilvoll eingerichtet wurden, findet man ein

Wellnessangebot, das für _____**3**_____ Kunden bestimmt ist. Yamahi, die Geschäftsführerin _____**4**_____, sorgt

zusammen mit _____**5**_____ für die Entspannung _____**6**_____. Sie ist stolz darauf, dass _____**7**_____ Kunde hier den

Stress des Alltags vergessen kann. Schon an der Tür wird jeder herzlich begrüßt, manche sogar mit _____**8**_____.

Die Kompetenz _____**9**_____ zeigt sich in der Pflege des ganzen Körpers – von Kopf bis Fuß.

Die Karriere _____**10**_____ hat vor einigen Jahren begonnen. Sie ist damals als Gaststudentin mit _____**11**_____ für

ein Jahr nach Deutschland gekommen. Der Freund ist danach in seine Heimat zurückgegangen, aber sie hat

beschlossen, in Köln zu bleiben. Nach drei Jahren heiratete sie _____**12**_____ und nach _____**13**_____ der Ausbildung

zur Kosmetikerin und Friseurin arbeitete sie zuerst in einem Kölner Haarstudio, um sich dann selbstständig zu

machen. „Große Pläne habe ich im Moment nicht, aber ich möchte _____**14**_____ Kunden noch mehr anbieten.

Damit der Körper schön aussieht, muss auch die Seele fit sein. Und hier ist für _____**15**_____ Menschen die

Beratung _____**16**_____ das Wichtigste."

1. a ein
   b einem
   c eines

2. a einem
   b einen
   c einer

3. a alle
   b allen
   c alles

4. a das Studio
   b dem Studio
   c des Studios

5. a ihre Mitarbeiterinnen
   b ihren Mitarbeiterinnen
   c ihrer Mitarbeiterinnen

6. a ihre Gäste
   b ihren Gästen
   c ihrer Gäste

7. a jede
   b jeden
   c jeder

8. a der Vorname
   b dem Vornamen
   c des Vornamens

9. a das Team
   b dem Team
   c des Teams

10. a der Japanerin
    b die Japanerin
    c einer Japanerin

11. a ein Studienkollege
    b einem Studienkollegen
    c eines Studienkollegen

12. a ein Journalist
    b einem Journalisten
    c einen Journalisten

13. a der Abschluss
    b dem Abschluss
    c den Abschluss

14. a unsere
    b unserem
    c unseren

15. a manche
    b manchem
    c mancher

16. a ein Psychologe
    b einen Psychologen
    c eines Psychologen

25 Adjektive vor dem Nomen – ohne Artikel 🎬

▶ Formen des Adjektivs: Grammatik A2 Intensivtrainer NEU/Deutsch intensiv, Seite 70, 72

	Maskulinum		Neutrum		Femininum	
Singular						
Nominativ	(der)	neuer Rock	(das)	neues Hemd	(die)	neue Hose
Akkusativ	(den)	neuen Rock	(das)	neues Hemd	(die)	neue Hose
Dativ	(dem)	neuem Rock	(dem)	neuem Hemd	(der)	neuer Hose
Genitiv	(des)	neuen Rocks*	(des)	neuen Hemds*	(der)	neuer Hose
Plural						
Nominativ	(die)	neue Röcke	(die)	neue Hemden	(die)	neue Hosen
Akkusativ	(die)	neue Röcke	(die)	neue Hemden	(die)	neue Hosen
Dativ	(den)	neuen Röcken	(den)	neuen Hemden	(den)	neuen Hosen
Genitiv	(der)	neuer Röcke	(der)	neuer Hemden	(der)	neuer Hosen

> Adjektive vor dem Nomen (ohne Artikel) haben die gleiche Endung wie der bestimmte Artikel.
> *Ausnahme: Genitiv Singular Maskulinum und Neutrum haben die Endung -en, das Nomen hat die Genitiv-Endung -(e)s.

1 Ergänzen Sie das passende Adjektiv.

eigenem • ~~fleißigen~~ • geduldige • großem • gute • kinderliebe • kräftiger • nette • starker

1. Suche ___fleißigen___ Helfer für Arbeiten in sehr _____ Garten. Gern auch _____ Rentner!

2. Hilfe! Suchen für Tochter, 8. Kl. Gymnasium, _____, _____ Mathe-Nachhilfe. Toll wäre Student/-in mit _____ Auto, die/der nach Hause kommt (wohnen außerhalb).

3. Wegen _____ Allergie _____ Katze (1 Jahr) in _____ Hände abzugeben.

2 Ergänzen Sie die richtige Endung.

1. Sympathischer___, realistisch___ Physiker (40, NR) sucht nett___, gleichaltrig___ Träumerin für interessant___ Unternehmungen zu zweit: Von klassisch___ Konzerten über wild___ Bootstouren zu ruhig___ Abenden mit spannend___ oder schnulzig___ Filmen kann alles dabei sein!

2. Lebenslust___, jung___ Student mit immer gut___ Laune wünscht sich ähnlich___ Partnerin zum Partymachen in cool___ Discos oder ander___ Locations. Begeistert___ Tänzerin gesucht!

26 Komparativ und Superlativ vor Nomen

▶ Formen des Adjektivs: Grammatik A2 Intensivtrainer NEU/Deutsch intensiv, Seite S. 70, 72, 75

	Maskulinum	Neutrum	Femininum	Plural
Nomi-nativ	der kältere Wind kälteste* ein kälterer Wind	das schlechtere Wetter schlechteste* ein schlechteres Wetter	die dickere Wolke dickste* eine dickere Wolke	die kälteren Winde kältesten kältere Winde kälteste Winde
Akku-sativ	den kälteren Wind kältesten* einen kälteren Wind	das schlechtere Wetter schlechteste* ein schlechteres Wetter	die dickere Wolke dickste* eine dickere Wolke	die dickeren Wolken dicksten dickere Wolken dickste Wolken
Dativ (mit)	dem kälteren Wind kältesten* einem kälteren Wind	dem schlechteren Wetter schlechtesten* einem schlechteren Wetter	der dickeren Wolke dicksten* einer dickeren Wolke	den stärkeren Regenfällen stärksten stärkeren Regenfällen stärksten Regenfällen
Genitiv (wegen)	des kälteren Windes kältesten* eines kälteren Windes	des schlechteren Wetters schlechtesten* eines schlechteren Wetters	der dickeren Wolke dicksten* einer dickeren Wolke	der kälteren Winde kältesten kälterer Winde kältester Winde

* Den Superlativ vor Nomen gibt es im Singular nur mit dem bestimmten Artikel.

Komparative und Superlative vor Nomen haben die gleichen Endungen wie Adjektive in der Grundform, abhängig von Artikel und Kasus. Im Genitiv ist die Endung immer -en, außer bei unbestimmtem Artikel Plural.
Ausnahme: *mehr* und *weniger* haben keine Endung: *Ich habe mehr Kartoffeln gegessen als du, aber weniger Karotten.*

TIPP Die häufigste Adjektivendung ist -en. Im Zweifelsfall immer verwenden!

1 Ergänzen Sie das Adjektiv im Komparativ oder Superlativ in der richtigen Form.

Wetter

● Heute ist in München (1) ___besseres___ (gut) Wetter als in Nürnberg. Endlich!

○ Aber gestern war es umgekehrt! Da war es in Nürnberg (2) _____ (schön)!

● Egal! Dieser Sommer ist der (3) _____ (schlecht) seit Jahren!

○ Das stimmt so nicht. Wir hatten (4) _____ (wenig) Regen als im letzten Jahr.

● Das kann sein. Aber im August gab es den (5) _____ (viel) Regen im ganzen Sommer.

○ Dafür konnten wir im Juni baden. Das war das (6) _____ (heiß) Pfingsten seit Langem!

● Ich freue mich jetzt auf den Herbst. Das ist für mich die (7) _____ (schön) Jahreszeit!

27 Adjektive als Nomen

▶ Formen des Adjektivs: Grammatik A2 Intensivtrainer NEU/Deutsch intensiv, Seite 70, 72

	Maskulinum Singular	Femininum Singular	Plural
krank	der Kranke (Mann) ein Kranker (Mann)	die Kranke (Frau) eine Kranke (Frau)	die Kranken (Menschen) Kranke (Menschen)
deutsch	der Deutsche (Mann) ein Deutscher (Mann)	die Deutsche (Frau) eine Deutsche (Frau)	die Deutschen (Menschen) Deutsche (Menschen)

Adjektive als Nomen bezeichnen meist Personen. Sie haben die gleichen Endungen wie Adjektive vor Nomen, abhängig von Artikel und Kasus.

TIPP Adjektive mit Artikel haben im Genitiv immer die Endung *-en*.

1 Ergänzen Sie die Tabelle.

krank	*der Kranke* *ein Kranker*	*die Kranke* *eine Kranke*	*die Kranken* *Kranke*
verwandt			
tot			
erwachsen			
arbeitslos			
angestellt			

2 Bilden Sie Sätze mit den Wörtern aus 1a. Achten Sie auf die richtige Form.

1. die Krankenschwester / der Kranke / eine Tablette / hat gegeben

2. ich / ein Verwandter / von dem Unfall / habe erzählt

3. bei dem Unfall / ein Toter / es gab

4. pro Tag / ein Erwachsener / etwa zwei Liter Wasser / braucht

5. auf dem Land / mehr / Arbeitslose / als / in Städten / es gibt

6. der Chef / der Angestellte / hat entlassen

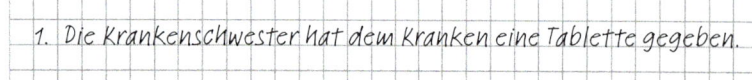

1. Die Krankenschwester hat dem Kranken eine Tablette gegeben.

28 Partizipien als Adjektive

▶ Partizip II, Form: Grammatik A1 Intensivtrainer NEU/Deutsch intensiv, Seite 40

▶ Partizip II, Form: Grammatik A2 Intensivtrainer NEU/Deutsch intensiv, Seite 31

Partizip II	Partizip I: Infinitiv + -d
der **ge**fäll**te** Baum = der Baum, der gefällt wurde	der blühen**de** Baum = der Baum, der blüht
das **ge**trockne**te** Blatt = das Blatt, das getrocknet ist	das fallen**de** Blatt = das Blatt, das fällt
die ab**ge**schnitt**ene** Blume = die Blume, die abgeschnitten wurde	die duften**de** Blume = die Blume, die duftet
die verblüh**ten** Pflanzen = die Pflanzen, die verblüht sind	die wachsen**den** Pflanzen = die Pflanzen, die wachsen

Das Partizip II beschreibt etwas in der Vergangenheit, das bereits passiert ist oder gemacht wurde.

Das Partizip I beschreibt ein Geschehen in der Gegenwart.

Partizipien haben die gleichen Endungen wie Adjektive vor Nomen, abhängig von Artikel und Kasus.

1 Partizip I oder II? Kreuzen Sie an.

1. Achtung, langsam fahren! ⊗ Spielende ◯ Gespielte Kinder!

2. Tim isst gern ein ◯ kochendes ◯ gekochtes Ei zum Frühstück.

3. Bei dem Unfall gab es fünf ◯ verletzende ◯ verletzte Personen.

4. Am ◯ kommenden ◯ gekommenen Freitag fangen die Ferien an.

5. Alle Passagiere konnten das ◯ sinkende ◯ gesunkene Schiff verlassen.

6. Wir essen gern ◯ grillenden ◯ gegrillten Käse.

2 Ergänzen Sie die richtige Endung.

1. Oma hat Milena zum Geburtstag eine sprechend*e*_____ Puppe geschenkt.

2. Bellend_____ Hunde beißen nicht!

3. Die Polizei hat das gestohlen_____ Auto wieder gefunden.

4. Die Familie sitzt am schön gedeckt_____ Tisch und feiert Geburtstag.

5. Die Feuerwehr rettete die Bewohner aus dem brennend_____ Haus.

6. Psst! Weckt die schlafend_____ Kinder nicht auf!

3 Partizip I oder II? Ergänzen Sie das Partizip in der richtigen Form.

1. Viele Almhütten haben kein ___*fließendes*___ (fließen) Wasser, sondern einen Brunnen vor der Hütte.

2. Raffaela isst am liebsten Nudeln mit _____ (reiben) Käse.

3. Das falsch _____ (parken) Auto wurde abgeschleppt.

4. Gestern hat Ines die _____ (verblühen) Rosen abgeschnitten.

5. Siehst du die _____ (winken) Frau da drüben?

29 Zusammenfassung: Nomen, Artikelwörter und Adjektive

1 **P** **Lesen Sie den Text. Welches Wort (a, b, c) passt in die Lücken 1–16?**

Antonio möchte mit seiner ____**1**____ Familie nächstes Jahr nach Deutschland reisen. Er war dort als ____**2**____ Austauschschüler für neun Monate. Seine damalige Gastfamilie lebt bei Hamburg, im Norden von Deutschland, nahe am Meer. Die Gegend ist ein ____**3**____ Reiseziel für eine Familie, weil es Natur und Kultur gibt. Man kann an ____**4**____ Stränden spazieren gehen, ____**5**____ Muscheln suchen, im meist ____**6**____ Meer schwimmen oder in Hamburg selbst die ____**7**____

Museen besichtigen, Pop- oder ____**8**____ Konzerte hören, ein ____**9**____ Eis in einem ____**10**____ Straßencafé genießen – und natürlich in jedem Fall ____**11**____ Fisch essen! Antonio möchte natürlich auch seine Gastfamilie mit den zwei ____**12**____ Kindern besuchen. Allerdings sind die Kinder nach mehr als 25 Jahren nicht mehr so klein! Die ____**13**____ Kinder haben schon selbst Kinder, die ____**14**____ Tochter drei und die ____**15**____ eines. Im Moment werden viele E-Mails hin- und hergeschickt, um den Besuch genau zu planen. Vorfreude ist bekanntlich die ____**16**____ Freude!

1. a ganze
   b ganzen
   c ganzes

2. a jungen
   b junger
   c junges

3. a ideal
   b idealer
   c ideales

4. a lange
   b langem
   c langen

5. a bunt
   b bunte
   c bunten

6. a kühlem
   b kühlen
   c kühles

7. a unterschiedliche
   b unterschiedlichste
   c unterschiedlichsten

8. a klassische
   b klassischen
   c klassisches

9. a lecker
   b leckerer
   c leckeres

10. a gemütlichem
    b gemütlichen
    c gemütliches

11. a frische
    b frischen
    c frisches

12. a kleine
    b kleinem
    c kleinen

13. a beide
    b beidem
    c beiden

14. a junge
    b jüngere
    c jüngeren

15. a alte
    b ältere
    c älteren

16. a schöneren
    b schönste
    c schönsten

30 ⟳ Artikelwörter als Pronomen, Indefinitpronomen

▸ Artikelwörter als Pronomen: Grammatik A2 Intensivtrainer NEU/Deutsch intensiv, Seite 57

▸ Indefinitpronomen: Grammatik A2 Intensivtrainer NEU/Deutsch intensiv, Seite 59

TIPP *der, dies…, welch…*

Denken Sie daran: Die Artikelwörter haben als Pronomen dieselbe Form wie als Artikel.
Ausnahme: Dativ Plural von *der*: **denen**

ein…, kein…, mein…

Denken Sie daran: Die Artikelwörter haben als Pronomen dieselbe Form wie als Artikel.
Ausnahme:

Maskulin	Nominativ: *einer, keiner, meiner*
Neutrum	Nominativ: *eines, keines, meines*	(statt *eines, keines, meines* wird oft
	Akkusativ: *eines, keines, meines*	*eins, keins, meins* verwendet)

Plural von *ein… = welche*

1 Ergänzen Sie.

Auf der Suche

[deins • ~~den~~ • der • die • diesen • meins • welchen]

● Ich suche (1) __*den*__ Schlüssel!

○ (2) _____ ? (3) _____ hier?

● Nein, (4) _____ vom Auto ist weg. Und meine

Brille suche ich auch.

○ (5) _____ liegt auf dem Regal in der Küche. Da liegt auch ein Handy. Ist das

(6) _____ ?

● Warte, ich muss nachsehen. Nein, das ist nicht (7) _____ , das gehört Hanna.

2 Ergänzen Sie.

Besuch

[die • die • ~~einen~~ • eins • keinen • keins • welche]

● Ich mache jetzt einen Kaffee? Möchtest du auch (1) __*einen*__ ?

○ Nein, danke. Ich nehme (2) _____ , sonst kann ich nicht schlafen.

● Möchtest du vielleicht ein Wasser?

○ Ja, gern, wenn du (3) _____ mit Sprudel hast.

● Tut mir leid, ich habe (4) _____ mit Sprudel, aber eine Limo hätte ich noch!

○ Prima, (5) _____ nehme ich!

● Hast du auch Hunger?

○ Nein, aber wie wär's mit Keksen? Hast du (6) _____ ?

● Ja, klar, sogar deine Lieblingskekse!

○ Mmh, lecker, (7) _____ esse ich alleine ☺!

3 Ergänzen Sie das passende Pronomen (*mein…, dein…, sein…, unser…, eur…, ihr…, ein…, kein…*) in der richtigen Form.

Dialog 1

● Mein Fotoapparat ist kaputt. Kannst du mir (1) _deinen_ für den Ausflug morgen leihen? Ich muss

(2) _____ erst zum Reparieren bringen.

○ Ich weiß nicht. (3) _____ ist ganz neu. Frag doch lieber Till, vielleicht leiht er dir

(4) _____.

● Ach, das ist mir zu kompliziert, dann habe ich eben (5) _____. Das macht auch nichts.

Dialog 2

● Unser Auto ist kaputt. Könnt ihr uns (1) _eures_ morgen kurz leihen? Wir können

(2) _____ erst übermorgen in die Werkstatt bringen.

○ Ich weiß nicht. (3) _____ ist ganz neu. Fragt doch lieber Andi und Annette, vielleicht

leihen sie euch (4) _____.

● Ach, das ist uns zu kompliziert, dann nehmen wir lieber ein Mietauto.

TIPP *jeder, mancher, alle, einige, viele, welche*
Denken Sie daran: Die Artikelwörter haben als Pronomen dieselbe Form wie als Artikel.
jemand, niemand, man
Denken Sie daran: *jemand* und *niemand* werden meist in dieser Form verwendet. Die Dativ- (-*em*) oder
Akkusativendungen (-*en*) werden oft weggelassen; *man* ist unveränderlich.

---

4 Ergänzen Sie das passende Pronomen.

Das neue Schwimmbad

[~~alle~~ • jeder • jeden • jemand • niemand • man • man • manche]

Wir haben ein neues Schwimmbad in der Stadt. Es hat verschie-

dene Becken drinnen und draußen und sogar eine Liegewiese,

die (1) _alle_ benutzen können. Im großen Becken

kann (2) m_____ sportlich schwimmen, da

stört (3) _____. Wenn (4) j_____

sich lieber ausruhen will, kann er in das heiße Außenbecken

gehen. Auch mit Kindern kann (5) _____ viel

machen: rutschen, klettern usw. Für (6) _____ ist etwas dabei. Und fast (7) _____,

der dort war, möchte wiederkommen. (8) _____ kommen sogar von weit her, um das neue

Bad zu besuchen.

31 Pronomen + Akkusativergänzung, zwei Pronomen als Ergänzungen

Cora schenkt	ihrer Freundin	ein Buch.	
Cora hat*	ihrer Freundin	ein Buch	geschenkt.
	Dativ	**Akkusativ**	

Wenn beide Ergänzungen Nomen sind: Dativ *vor* Akkusativ.

Cora schenkt	ihr	ein Buch.	
Cora hat*	ihr	ein Buch	geschenkt.
Cora schenkt	es	ihrer Freundin.	
Cora will*	es	ihrer Freundin	schenken.
	Pronomen	**nominale Ergänzung**	

Wenn eine Ergänzung ein Pronomen ist: Pronomen *vor* nominaler Ergänzung.

Cora schenkt	es	ihr.	
Cora will*	es	ihr	schenken.
	Akkusativ	**Dativ**	

Wenn beide Ergänzungen Pronomen sind: Akkusativ *vor* Dativ.
*In allen drei Fällen gilt die Reihenfolge auch nach dem Hilfsverb bzw. dem Modalverb.

1 Ergänzen Sie die Angaben in Klammern in der richtigen Form und Reihenfolge.

Im Restaurant

Letzten Sonntag waren wir in einem Restaurant. Zuerst brachte der Ober (1) _meiner Familie die Speisekarte_

(die Speisekarte / meine Familie); sie sah wie ein Buch aus. Dann erklärte er (2) _____ _____

(sie / uns) und empfahl (3) _____ _____ (einzelne Gerichte / uns).

Da meine Mutter kein Fleisch mag, bot er (4) _____ _____

(ein Fischgericht / ihr) an. Dann las er (5) _____ _____

(die Bestellung / die ganze Gruppe) noch einmal vor. Zuerst brachte er (6) _____

_____ (der Fisch / meine Mutter), dann bekamen wir alle unser Essen. Wir waren

sehr zufrieden: mit dem Essen und dem Service. Als Freunde uns nach dem Restaurant fragten, haben wir

(7) _____ _____ (es / ihnen) empfohlen.

2 Schreiben Sie Sätze. Achten Sie auf die Reihenfolge der Pronomen und Ergänzungen.

Das Dankeschön

1. Jemand / hatte gestohlen / sein Fahrrad / meinem Freund
2. Ich / habe geliehen / meines / ihm / für eine Radtour
3. Er / wollte zurückgeben / es / mir / sofort danach
4. Als Dankeschön / er / hat geschenkt / eine orange Klingel / mir
5. Ich / zeige / jedem / sie / und / jeder / darf / mal / klingeln

1. Jemand hatte meinem Freund sein Fahrrad gestohlen.

32 Reflexivpronomen + Akkusativobjekt

Das kennen Sie schon:

sich ärgern   Ich ärgere **mich** über den Test.

sich kämmen   Ich kämme **mich** jeden Morgen.

Das Reflexivpronomen steht im Akkusativ.

Ich freue **mich** auf heute Abend.   Wir treffen **uns** später im Café.

Schämst du **dich** gar nicht?   Erinnert ihr **euch** an Hanna?

Er/Sie zieht **sich** gern modisch an.   Sie beschweren **sich** über ihre Nachbarn.

Das ist neu:

sich anziehen	Ich ziehe	**mich** an.	
		Akkusativ	
	Ich ziehe	**mir**	<u>Schuhe</u> an.
		Dativ	**Akkusativ**

Wenn es bei reflexiven Verben ein Reflexivpronomen und ein Akkusativobjekt gibt, dann steht das Reflexivpronomen im Dativ.

1   Ergänzen Sie das Reflexivpronomen: Akkusativ oder Dativ?

1. Was wünschst du __*dir*__ zum Geburtstag? Hast du _____ immer noch nicht entschieden?

2. Ich muss _____ bei Ihnen entschuldigen. Ich kann _____ Ihren Namen einfach nicht merken!

3. Interessierst du _____ für Handys? – Ja, ich möchte _____ gerade ein neues kaufen.

4. Beeilt _____ doch, bitte! Ich habe _____ so bemüht, Karten zu bekommen; jetzt sollten wir

   _____ nicht verspäten!

5. Zieh _____ den Mantel aus und setze _____ schon ins Wohnzimmer. Ich kümmere _____

   noch um etwas zu trinken für uns.

2   Ergänzen Sie das Reflexivpronomen: Akkusativ oder Dativ?

Mutter und Tochter

● Ida, kämm (1) __*dich*__ bitte ordentlich, bevor wir losgehen! Und zieh (2) _____ die warme

 Jacke an, es ist kalt heute. Hast du (3) _____ auch die Zähne geputzt?

○ Ja, Mama. Ich habe (4) _____ auch gewaschen und ich habe (5) _____ die Haare gebürstet,

 für Tante Marie mache ich doch alles. Ich hoffe, ich muss (6) _____ nicht noch einmal umziehen.

● Nein, das passt. Jetzt können wir (7) _____ mit Tante Marie in der Stadt treffen.

○ Super! Darauf freue ich (8) _____ schon seit dem Aufstehen!

33 ↻ Präpositionen

▶ Präpositionen: Grammatik A2 Intensivtrainer NEU/Deutsch intensiv, Seite 77–80

1 Ergänzen Sie die passende Präposition.

In der Stadt

[bis • bis zum • gegenüber • seit • seit • ~~von … an~~ • von • vor • während]

1. _Von_ Beginn der Bauarbeiten _an_ gibt es eine Umleitung.

   Die Straße ist _____ letzten Wochenende im August gesperrt.

   _____ der Ferien sind die Staus sehr lang.

2. ● Ich warte _____ 15 Minuten an der Haltestelle, aber der Bus

   kommt nicht.

   ○ Die Linie B fährt nur _____ 23 Uhr. Danach muss man ein Taxi

   nehmen. _____ einem Monat kann man aber auch mit

   der U-Bahn ins Zentrum fahren.

3. Wenn ich spät _____ der Arbeit nach Hause komme, sind alle

   Parkplätze besetzt. Und dann rege ich mich immer auf, wenn _____

   meiner Haustür so viel Werbung liegt. Aber _____ von meinem Haus gibt es gleich einen

   Papiercontainer!

2 Ergänzen Sie die Präpositionen und die Artikel im Dativ oder Akkusativ.

Urlaub

[an • an • auf • ~~in~~ • in • über • vor • zwischen]

In Urlaub fahren wir meistens (1) _in die_ Berge nach Österreich. Wir wohnen dort immer

(2) _____ Pension meines Onkels. Sie liegt direkt (3) _____ Bach, in dem es

viele Fische gibt. Die Einrichtung der Zimmer ist sehr gemütlich. (4) _____ Wänden hängen

Bilder und Fotos. (5) _____ Haus ist eine große Terrasse und eine Wiese mit Grillstelle und

Spielplatz. (6) _____ Haus und dem Gäste-Parkplatz führt ein steiler Pfad nach oben. Und

wenn man (7) _____ Gipfel steigt, kann man (8) _____ Berge hinweg bis nach

Italien sehen!

34 Präpositionen mit Genitiv

innerhalb	*temporal:* Sie müssen den Antrag **innerhalb** der nächsten zwei Wochen stellen.
	lokal: **Innerhalb** der Stadtmauern ist die Altstadt.
außerhalb	*temporal:* Leider sind wir **außerhalb** der Geschäftszeiten gekommen.
	lokal: Das Einkaufszentrum befindet sich **außerhalb** der Stadt.
wegen	**Wegen** des Regens machte die Wanderung wenig Spaß.
trotz	Er ist **trotz** des hohen Fiebers nicht zum Arzt gegangen.
während	Johannes war **während** der Herbstferien im Gebirge.

> Manchmal kann nach den Präpositionen auch *wegen, trotz, während* ein Nomen im Dativ stehen: *Trotz dichtem Nebel ist das Flugzeug sicher gelandet.*
> Pronomen stehen nach diesen Präpositionen immer im Dativ: *Wegen ihm mache ich mir keine Sorgen.*

Vergleichen Sie:

Sandra ist **wegen** der Bauchschmerzen zu Hause geblieben. = Sie ist zu Hause geblieben, **weil** sie Bauchschmerzen hatte.

Sandra ist **trotz** der Knieschmerzen wandern gegangen. = Sie ist wandern gegangen, **obwohl** sie Knieschmerzen hatte.

1 Ergänzen Sie die Präpositionen *trotz, wegen, während, innerhalb, außerhalb.*

1. _____Wegen_____ des Nebels ist das Flugzeug nicht in Rom, sondern in Neapel gelandet.

2. Viele Straßen sind _____ des Gewitters nicht befahrbar.

3. _____ des Nationalparks werden alle Tiere und Pflanzen geschützt.

4. _____ des Sturms gab es zwei Tage lang keinen Strom.

5. Herr Mielke ist _____ des schlechten Wetters in die Berge gefahren.

6. _____ der Saison sind die Preise im Kurort viel niedriger.

7. _____ der Kälte waren die Heizungskosten nicht so hoch.

8. Die Mieten _____ der Altstadt sind auch stark gestiegen.

2 Ersetzen Sie die Nebensätze durch die Präposition *trotz* oder *wegen* + Nomen.

1. Die Bergsteiger sind geklettert, obwohl es geregnet hat.

   Die Bergsteiger sind _____*trotz des Regens*_____ geklettert.

2. Die Prüfung wird abgesagt, weil der Professor krank ist.

   _____ wird die Prüfung abgesagt.

3. Die Skifahrer sind auf die Piste gegangen, obwohl es sehr kalt war.

   Die Skifahrer sind _____ auf die Piste gegangen.

4. Zum Festival sind viele Besucher gekommen, obwohl das Wetter schlecht war.

   _____ sind viele Besucher zum Festival gekommen.

5. Die Diskussion war sehr heftig, weil die Situation kompliziert war.

   _____ war die Diskussion sehr heftig.

35 Verben und Ausdrücke mit Präpositionen; Pronominaladverb *da(r)-*, Fragewort *wo(r)-* 🎬

▶ Liste der Verben mit Präpositionen: Grammatik A2 Intensivtrainer NEU/Deutsch intensiv, S. 85

Nach vielen Verben, Nomen und Adjektiven steht im Deutschen eine Präposition, zum Beispiel:

Verben + Präposition	Nomen + Präposition	Adjektive + Präposition
sich beschäftigen mit + D	Angst haben vor + D	böse sein auf + Akk
sich beschweren über + Akk	Appetit haben auf + Akk	enttäuscht sein von + D
denken an + Akk	Freude haben an + D	fertig sein mit + D
sich entschuldigen für + Akk	Interesse haben an + D	glücklich sein über + Akk
sich freuen über/auf + Akk	Kontrolle haben über + Akk	interessiert sein an + D
sich interessieren für + Akk	Lust haben auf + Akk	traurig sein über + Akk
sich kümmern um + Akk	Probleme haben mit + D	stolz sein auf + Akk
nachdenken über + Akk	Spaß haben an + D	überrascht sein von + D
passen zu + D	sich Sorgen machen um + Akk	zufrieden sein mit + D
teilnehmen an + D		
träumen von + D		

Das kennen Sie schon:

Präposition + Personen

Ich warte <u>auf</u> **meinen Freund**. = Ich warte <u>auf</u> **ihn**.

Ich höre zum ersten Mal <u>von</u> **deiner Tante**. = Ich höre zum ersten Mal <u>von</u> **ihr**.

Der Chef hat Probleme <u>mit</u> **dem neuen Lehrling**. = Der Chef hat Probleme <u>mit</u> **ihm**.

Präposition + Personalpronomen

Das ist neu:

Präposition + Sachen

Ich warte <u>auf</u> **deinen Anruf**. = Ich warte **dar<u>auf</u>**.
= Ich warte **dar<u>auf</u>**, dass du anrufst.*

Ich höre zum ersten Mal <u>von</u> **dem Termin**. = Ich höre zum ersten Mal **da<u>von</u>**.
= Ich höre zum ersten Mal **da<u>von</u>**, dass wir uns treffen.*

Der Chef hat Probleme <u>mit</u> **dem Computer**. = Der Chef hat Probleme **damit**.
= Der Chef hat Probleme **damit**, E-Mails zu versenden.*

Pronominaladverbien

> * Auf ein Pronominaladverb kann auch eine Nebensatz mit *dass* oder ein Infinitiv mit *zu* folgen.

Pronominaladverbien bildet man so:

da + Präposition: *dafür, damit, danach, davon*

da + *r* + Präposition, wenn die Präposition mit Vokal oder Umlaut beginnt: *darauf, darin, darüber*

Vergleiche:

Präposition + Personen

Ich warte <u>auf</u> **meinen Freund**. = <u>Auf</u> **wen** wartest du?

Präposition + Nicht-Personen

Ich warte <u>auf</u> **deinen Anruf**. = **Wor<u>auf</u>** wartest du?

Präposition + Fragewort

Fragewort *wo(r)-*

▶ Mehr zu den Fragewörtern: S. 78

1   Ergänzen Sie die richtige Präposition.

1. Es tut mir leid. Ich möchte mich __*für*__ meinen Fehler entschuldigen.

2. Manuel interessiert sich sehr _____ Reisen nach Asien.

3. Hast du Angst _____ Spinnen?

4. Cynthia ist überrascht _____ dem Testergebnis.

5. Viele junge Leute kümmern sich nicht _____ ihre Zukunft oder denken nur wenig _____ ihre Zukunft nach.

6. ● Wart ihr _____ dem Urlaub zufrieden?

   ○ Das Hotel war in Ordnung, aber _____ die laute Disco haben wir uns beschwert.

2   Ergänzen Sie die Sätze mit dem passenden Pronominaladverb.

1. Viele Leute hoffen auf ein gesundes, langes Leben. Auch ich hoffe __*darauf*__.

2. Ich habe heute Appetit auf Pfannkuchen. Hast du auch Appetit _____?

3. Juan ist glücklich über seine neue Arbeitsstelle. Auch seine Frau ist glücklich _____.

4. Peter interessiert sich für Philosophie. Seine Freunde interessieren sich kaum _____.

5. Wir sind für ein Straßenfest in der Siedlung. Seid ihr auch _____?

6. Träumst du auch von einem ganz anderen Leben? Ich träume manchmal _____.

7. Der Lehrer war mit den Noten zufrieden. Die Schüler waren _____ auch zufrieden.

8. Niemand hat auf die ersten Signale reagiert. Auch ich habe nicht _____ reagiert.

3   Pronominaladverb oder Präposition + Personalpronomen? Markieren Sie.

Erfahrungsaustausch

● Mein Sohn hat in der Schule immer Angst vor dem Matheunterricht.

○ Ja, genau, mein Sohn hat auch ein bisschen Angst (1) *davor* / ~~*vor ihm*~~.

● Andreas hat sich leider schon immer mehr für Sport als für Mathe interessiert.

○ (2) *Dafür / Für ihn* interessieren sich in dem Alter die meisten Jungen.

● Vom Physiklehrer dagegen ist Andreas begeistert.

○ (3) *Davon / Von ihm* ist meine älteste Tochter auch begeistert. Ich glaube, sie ist ein bisschen (4) *darin / in ihn* verliebt. Sie erzählt oft von Physik, sonst erzählt sie nämlich nichts von der Schule.

● Meine Kinder erzählen auch nicht viel (5) *davon / von ihr*. Ich muss sie immer (6) *danach / nach ihr* fragen.

○ Ich auch, aber ich bin auch froh, wenn sie sich selbst um ihre Schulsachen kümmern.

● Das stimmt, aber (7) *darum / um sie* kümmern sie sich oft nicht so gern oder haben gar keine Lust (8) *dazu / zu ihr*. Dann ärgere ich mich doch wieder (9) *darüber / über sie*.

○ Aber meistens sind wir doch stolz (10) *darauf / auf sie*!

4 **Pronominaladverb oder Präposition + Personalpronomen? Ergänzen Sie.**

Liebe Ina,

lange wollte ich mich schon (1) _*bei dir*_ für dein Päckchen bedanken. Ich habe mich sehr

(2) _____ gefreut. Besonders hat mir der kleine Sprachkurs Schwedisch gefallen. Das ist eine tolle

Sprache. Du weißt ja, wie sehr ich mich (3) _____ interessiere. Deshalb habe ich auch wieder eine

Reise nach Schweden geplant. Erst gestern habe ich mich gemeinsam mit meinem Freund (4) _____

entschieden. Wir freuen uns total (5) _____! Und weißt du noch etwas: Wir werden zusammenziehen!

(6) _____ haben wir schon lange nachgedacht und jetzt haben wir auch eine Wohnung gefunden.

In vier Wochen ist es soweit! Wir sind sehr glücklich (7) _____, dass es endlich geklappt hat. Meine

Tante konnte uns schließlich helfen. Wir haben uns mit einem großen Blumenstrauß (8) _____
bedankt.

Kommst du uns bald besuchen? Unsere neue Adresse lautet Marie-Curie-Str. 29. Die Telefonnummer bleibt gleich.

Viele Grüße

Pia

5 **Verbinden Sie die beiden Sätze wie im Beispiel. Manchmal gibt es mehrere Möglichkeiten.**

1. Michael hatte Angst. Er wird seine Arbeitsstelle verlieren.

   *Michael hatte Angst davor, seine Arbeitsstelle zu verlieren.* _____

2. Er hat gewartet. Die Situation wird sich verbessern.

   Er hat _____ gewartet, _____ .

3. Er war enttäuscht. Man hat die Veränderungen zu spät gemacht.

   Er war _____ enttäuscht, _____ .

4. Er hat sich geärgert. Im Betrieb hat niemand offen diskutiert.

   Er hat sich _____ geärgert, _____ .

5. Er hatte keinen Spaß mehr. Er machte innovative Vorschläge.

   Er hatte keinen Spaß mehr _____, _____ .

6. Er hat gehofft. Er kann noch ein Jahr in der Firma arbeiten.

   Er hat _____ gehofft, _____ .

7. Er hat sich endlich entschieden. Er hat seine eigene Firma gegründet.

   Er hat sich endlich _____ entschieden, _____ .

8. Heute ist er sehr zufrieden. Er ist unabhängig.

   Heute ist er sehr _____ zufrieden, _____ .

36 Fragewörter

▶ Fragewörter: Grammatik A2 Intensivtrainer NEU/Deutsch intensiv, S. 65

Das kennen Sie schon:

Welche Filme siehst du am liebsten? Am liebsten sehe ich Naturfilme.

Was für einen Tisch möchtest du kaufen? Ich möchte einen Esstisch kaufen.

Von wann bis wann ist das Schwimmbad geöffnet? Von 9.00 Uhr bis 22.00 Uhr.

Das ist neu:

Fragen nach Personen

<u>Über</u> **wen** unterhaltet ihr euch? <u>Über</u> **den Nachbarn** von gegenüber.

<u>Auf</u> **wen** wartet ihr hier? <u>Auf</u> **den Fremdenführer**.

<u>Mit</u> **wem** fahren Sie in Urlaub? <u>Mit</u> **meiner Tochter**.

<u>Von</u> **wem** erzählt Maria? <u>Von</u> **ihrer Tante**.

Fragen nach Personen = Präposition + Fragewort: *wem* (Dativ) / *wen* (Akkusativ)

Fragen nach Sachen

Wo<u>r</u>über unterhaltet ihr euch? <u>Über</u> **die Werbung** in der Stadt.

Wor<u>auf</u> wartet ihr? <u>Auf</u> **die Ergebnisse** der Prüfung.

Wo<u>mit</u> fahren Sie in Urlaub? <u>Mit</u> **dem Zug**.

Wo<u>von</u> erzählt Maria? <u>Von</u> **der Reise** nach Italien.

Fragen nach Sachen = *wo* + *(r)* + Präposition

Das Fragewort *wo(r)*- bildet man so:

wo + Präposition: *wofür, womit, wonach, wovon*

wo + *r* + Präposition, wenn die Präposition mit Vokal oder Umlaut beginnt: *worauf, worin, worüber*

▶ Vergleichen Sie auch Kapitel 35, Verben und Ausdrücke mit Präpositionen, S. 75.

1 Was passt zusammen? Ordnen Sie zu.

1. An wen denkt Frau Schiele?	_____	a) Nach den Zeugen des Autounfalls.
2. Wonach fragen die meisten Leser?	_____	b) Mit dem Manager.
3. Woran denkt der Geschäftsführer?	_____	c) Für die Wirtschaftspolitik.
4. Womit gibt es die meisten Probleme?	_1._	d) An ihre kleine Tochter.
5. Nach wem fragt der Polizist?	_____	e) Für Thomas.
6. Wofür interessiert sich Herr Blauberg?	_____	f) Auf den Arzt.
7. Worauf warten die Touristen?	_____	g) An die neuen Aufträge.
8. Mit wem gibt es Probleme?	_____	h) Auf das Glockenspiel.
9. Auf wen wartet Frau Sommer?	_____	i) Nach noch mehr Büchern.
10. Für wen interessiert sich Sandra?	_____	j) Mit dem Transport der Waren.

2 Ergänzen Sie die Fragen. Die Antworten helfen.

Fragebogen: Wie gut kennen Sie Ihre Partnerin / Ihren Partner?

1. ___Wohin___ möchte sie/er am liebsten in Urlaub fahren? – Nach Neuseeland.

2. _____ würde sie/er am liebsten ins Gebirge fahren? – Mit mir natürlich.

3. _____ möchte sie/er eine Einladung zum Essen bekommen? – Von ihrem/seinem Lieblingssänger.

4. _____ hat sie/er Angst? – Vor dem Hund in der Nachbarschaft.

5. _____ redet sie/er nicht gern? – Über die Probleme in der Arbeit.

6. _____ würde sie/er das letzte Geld ausgeben? – Für leckeres Essen.

7. _____ denkt sie/er vor dem Einschlafen? – An den Kaffee am Morgen.

8. _____ ärgert sich sie/er oft? – Über Überstunden.

9. _____ glaubt sie/er? – An das Gute der Menschen.

10. _____ ist sie/er am meisten stolz? – Auf unsere Kinder.

3 Was hat der Reporter gefragt? Formulieren Sie die Fragen.

Ein Interview

1. ● _Wann / Um wie viel Uhr müssen Sie täglich aufstehen?_____

   ○ Ich muss meistens **um Viertel vor sieben** aufstehen.

2. ● _____?

   ○ Zur Arbeit fahre ich immer **mit dem Rad**, auch im Winter.

3. ● _____?

   ○ Im Moment arbeite ich **an einem internationalen Projekt für einen**

   Chemiekonzern.

4. ● _____?

   ○ In dem Projekt geht es **um Werbung für Chemieprodukte**.

5. ● _____?

   ○ Die Arbeit muss **bis Ende des ersten Halbjahres** fertig sein.

6. ● _____?

   ○ Ich muss mich besonders **um die Finanzierung des Projekts** kümmern.

7. ● _____?

   ○ Ich freue mich schon **auf den nächsten Urlaub**.

8. ● _____?

   ○ Ich träume **von einem schönen, sonnigen Sommertag**.

9. ● _____?

   ○ In Zukunft werde ich **an einem neuen Projekt** arbeiten.

37 Wortbildung

Man kann aus vielen Wortarten Nomen bilden.

Aus Verben werden Nomen.

1. Der Infinitiv als Nomen

kochen	–	**das** Kochen
schwimmen	–	**das** Schwimmen
Ski fahren	–	**das** Skifahren

> Diese Nomen stehen immer mit dem Artikel *das*. Man verwendet sie auch oft mit den Präpositionen *bei*
> (*beim Schwimmen* = wenn ich schwimme) und *zu* (*zum Schwimmen* = dafür, dass ich schwimme).
> ***Beim Schwimmen*** *kann ich gut entspannen.* ***Zum Schwimmen*** *brauche ich eine Schwimmbrille.*

2. Verbstamm + Endung *-er/in*

fahren	–	**der** Fahr**er** / **die** Fahr**erin**	**Plural: die** Fahr**er** / **die** Fahr**erinnen**
besuchen	–	**der** Besuch**er** / **die** Besuch**erin**	
kaufen	–	**der** Käuf**er*** / **die** Käuf**erin***	
sammeln	–	**der** Samml**er**** / **die** Samml**erin****	

> Nomen auf *-er* bezeichnen männliche Personen. An diese Nomen hängt man die Endung *-in* und bezeichnet
> damit weibliche Personen: ***Der Fahrer*** *des grünen Auto war so schnell, dass* ***die Fahrerin*** *des roten Autos nicht*
> *mehr ausweichen konnte.*
> * Manche Nomen bekommen einen Umlaut.   ** Achtung bei Verben auf *-eln*!

3. Verbstamm + Endung *-ung*

wohnen	–	**die** Wohn**ung**
sich unterhalten	–	**die** Unterhalt**ung**
üben	–	**die** Üb**ung**

> Diese Nomen sind immer weiblich: *Ich wohne im Zentrum.* ***Meine Wohnung*** *ist 52 m² groß.*

Aus Adjektiven werden Nomen.

1. Adjektiv + Endung *-heit, -keit, -schaft*

Nomen auf *-heit*			Nomen auf *-keit*			Nomen auf *-schaft*		
krank	–	**die** Krank**heit**	einsam	–	**die** Einsam**keit**	bereit	–	**die** Bereit**schaft**
gesund	–	**die** Gesund**heit**	herzlich	–	**die** Herzlich**keit**	bekannt	–	**die** Bekannt**schaft**
dunkel	–	**die** Dunkel**heit**	freundlich	–	**die** Freundlich**keit**	verwandt	–	**die** Verwandt**schaft**

> Alle Nomen mit den Suffixen *-heit*, *-keit*, *-schaft* sind immer weiblich:
> *Ich möchte gesund bleiben.* ***Meine Gesundheit*** *ist mir wichtig.*
> *Er ist sehr freundlich.* ***Seine Freundlichkeit*** *macht ihn sympathisch.*
> *Marlene ist mit vielen Leuten verwandt.* ***Ihre Verwandtschaft*** *ist richtig groß.*

2. Adjektiv + Endung *-e*

breit	–	die Breite	kalt	–	die Kälte	
tief	–	die Tiefe	warm	–	die Wärme	

> Alle Nomen auf *-e* sind weiblich. Viele haben einen Umlaut: *Der See ist nicht tief.* ***Die*** *maximale* ***Tiefe*** *beträgt*
> *2 Meter. / Heute ist es warm. Ich mag* ***die Wärme*** *und die Sonne.*

Aus Nomen werden andere Nomen.

1. Nomen + Nomen

der Kaffee	+ **die** Tasse	= **die** Kaffeetasse
der Fisch	+ **das** Messer	= **das** Fischmesser
die Tomaten	+ der Salat + **die** Schüssel	= **die** Tomatensalatschüssel
das Frühstück	+ **der** Teller	= **der** Frühstücksteller*

Wenn zwei oder mehrere Nomen zu einem neuen Nomen zusammengesetzt werden, bestimmt das letzte Nomen den Artikel des zusammengesetzten Wortes.

* Manchmal steht zwischen den beiden Wörter -*(e)s*- als Fugenelement.

2. Adjektiv + Nomen / Verbstamm + Nomen

hoch	+ **das** Haus	= **das** Hochhaus
parken	+ **das** Haus	= **das** Parkhaus

Das zusammengesetzte Nomen behält den Artikel des ursprünglichen Nomens.

1　**Welche Wörter gehören zusammen? Finden Sie die Wortfamilien.**

der Fahrer • die Krankheit • die Kälte • der Einwohner • das Krankenhaus • der Naturfreund • die Fahrkarte • die Wohnung • die Freundschaft • die Kältewelle • die Krankenschwester • der Schulfreund • die Erkältung • das Wohnzimmer • die Fahrstunde

fahren: _der Fahrer, _____

kalt: _____

wohnen: _____

krank: _____

Freund: _____

2　**Ergänzen Sie die Nomen mit Artikel und Präposition, wo nötig.**

Hausarbeit

1. ● Ich muss heute Nachmittag aufräumen. Kannst du mir helfen?

   ○ Ja, wenn es sein muss, kann ich dir (bei) _beim Aufräumen_ helfen.

2. ● So viel schmutzige Wäsche. Ich wäre froh, wenn ich (mit, waschen)

   _____ endlich fertig wäre.

   ○ Waschen geht, aber (bügeln) _____ macht mich

   verrückt.

3. ● Ich koche gern. Das macht mir einfach Spaß. Ich finde es kreativ.

   ○ Was ist denn so kreativ (an, kochen) _____?

   Ich kaufe viel lieber ein.

4. ● Wenn du willst, dass das Essen schneller fertig ist, schäl bitte die Kartoffeln.

   ○ O.k., aber ich habe nachher keine Zeit (zu, abspülen) _____. Spülst du dann ab?

5. ● Warum ist im Bad so nass? Ich habe es vorhin erst geputzt!

   ○ Ich war in der Dusche. (Nach, duschen) _____ ist der Boden immer nass.

3 Markieren Sie das Verb im ersten Satz, bilden Sie daraus ein Nomen mit -er oder -ung und ergänzen Sie dann die Lücken. Ergänzen Sie auch den Artikel, wo nötig.

Hobbys

1. In seiner Freizeit (besucht) Eran gern Ausstellungen. In der letzten Ausstellung waren so viele

   ___Besucher,_____ dass man die Bilder kaum gesehen hat.

2. Die Gruppe ist ein paar Stunden im Regen gewandert, aber alle waren mit

   _____ _____ zufrieden.

3. Werner hat ein ungewöhnliches Hobby: Er sammelt Bananenaufkleber.

   Seine _____ zählt schon ein paar hundert Exemplare.

4. Anna besichtigt im Urlaub gern Kirchen. Aber während der Messe ist _____ _____

   verboten.

5. Herr Malze angelt gern und wie jeder _____ übertreibt er ein bisschen bei der Größe

   der Fische.

6. Antonia, Pia und Raffaela spielen am liebsten „Mensch ärgere

   dich nicht". Dafür braucht jede _____ eine

   Spielfigur und einen Würfel.

7. Jeden Sonntag verkauft Frau Heike auf dem Flohmarkt Bücher,

   Vasen usw. Als _____ ist sie sehr

   geschickt und verhandelt gut.

4 Markieren Sie die Wörter wie im Beispiel und ergänzen Sie die Sätze.

1. Er ist immer (bereit) zu helfen. – Seine ___Bereitschaft____ zu helfen ist sehr groß.

2. Er ist nicht mitgefahren, weil er krank war. – Er ist wegen seiner _____ nicht

   mitgefahren.

3. Ilse ist zu Hause geblieben, weil es sehr kalt war. – Ilse ist wegen der _____ zu Hause

   geblieben.

4. Die Gastgeber waren sehr herzlich. – Mit einer so großen _____ haben wir gar nicht

   gerechnet.

5. Hannes wurde depressiv, weil er einsam war. – Hannes wurde wegen seiner _____

   depressiv.

6. Viele Personen hatten den Chef nicht gern, weil er unfreundlich war. – Viele Personen hatten den Chef

   wegen seiner _____ nicht gern.

7. Es war schon zu dunkel. – Wegen der _____ habe ich den Weg nicht gut gesehen.

8. Im Wohnzimmer war es schön warm. – Der Kamin gab gemütliche _____ ab.

5   Wie heißen die Nomen? Notieren Sie.

1. das Haus + die Tür = _die Haustür_____

2. das Dach + das Fenster = _____ _____

3. der Keller + die Treppe = _____ _____

4. die Arbeit + (s) + das Zimmer = _____ _____

5. der Vorrat + (s) + der Keller = _____ _____

6. das Gemüse + der Garten = _____ _____

7. schlafen + die Couch = _____ _____

8. stehen + die Lampe = _____ _____

9. drehen + der Stuhl = _____ _____

10. tief + die Garage = _____ _____

11. hoch + das Haus = _____ _____

12. neu + der Bau = _____ _____

6   Sammeln Sie Wörter und bilden Sie Wortfamilien.

Schule

schwimmen

groß

38 Zusammenfassung: Grammatiktraining B1

1 Ergänzen Sie die Sätze.

> als • bei denen • bevor • damit • dass • denn • nachdem • obwohl • trotzdem • während • ~~weil~~

Letzten Freitag war für Paul ein besonderer Arbeitstag, (1) __weil__ alle Mitarbeiter den Tag

zusammen in der Natur verbrachten. Sein Chef hatte den Tag organisiert, (2) _____ die

Kollegen sich noch besser kennenlernen und zusammenarbeiten können. (3) _____ alle

zusammen gefrühstückt hatten, machten sie eine kleine Wanderung. (4) _____ sie an

einen Bach kamen, mussten sie eine Brücke bauen. (5) _____ die eine Hälfte der Gruppe

einen Plan dafür machte, sammelte die andere Hälfte Baumaterial. Und die Brücke wurde so stabil,

(6) _____ der Trainer hinübergehen konnte, ohne ins Wasser zu fallen!

(7) _____ waren manche unzufrieden, (8) _____ sie hatten lange dafür

gebraucht. Es folgten einige Spiele, (9) _____ alle ihren Spaß hatten. Zum Abschluss grillten

sie Würstl, (10) _____ alle erschöpft, aber zufrieden nach Hause fuhren. Sogar Paul hatte

der Tag gefallen, (11) _____ er kurz vor Abfahrt noch von einer Wespe gestochen worden war.

2 Wählen Sie die richtige Präposition (+ Artikel). Markieren Sie.

Arbeitswelt

1. ● Bist du ~~aus~~ / (mit) / ~~über~~ dem neuen Job zufrieden?

   ○ Ja, sehr. Ich habe *nach / seit / vor* einem Monat begonnen und arbeite schon selbstständig *an / auf / mit*

   einem neuen Projekt.

2. ● Kannst du Ivo anrufen?

   ○ Jetzt nicht, *aus / neben / während* der Arbeit kann ich ihn nicht stören. Aber *bei / in / nach* der Arbeit rufe

   ich ihn an.

3. ● Wo ist Claudia? Ich glaube, sie ist *auf dem / im / ins* Büro, oder?

   ○ Nein, sie arbeitet heute *an / in / mit* der Abteilung *aus / durch / für* Haushaltswaren.

4. ● Arbeiten Sie schon lange hier?

   ○ Ja, gleich *hinter / nach / seit* meiner Abschlussprüfung habe ich eine Stelle *an / bei / mit* dieser Baufirma

   gefunden.

5. ● Warum bist du so wütend?

   ○ Weil der Drucker *durch / trotz / wegen* meiner Reklamation immer noch nicht repariert ist.

6. ● Weißt du, warum Klaus heute nicht *aus der / in die / nach der* Arbeit gekommen ist?

   ○ Er musste *trotz / von / wegen* Bauchschmerzen zu Hause bleiben.

7. ● Was soll ich mit den alten Prospekten machen?

   Leg sie bitte *auf dem / im / in den* Schrank, vielleicht brauchen wir sie noch.

3   Ergänzen Sie das richtige Relativpronomen.

Menschen im Büro

1. Jetzt sind wir im Büro, ___das___ ich dir auf dem Foto gezeigt habe.

2. Gegenüber der Tür sitzt Frau Sander, von _____ ich dir schon

   erzählt habe.

3. Am Fenster rechts steht der Schreibtisch von Laura, _____ im

   Moment krank ist.

4. Der zweite Raum gehört zwei Kollegen, mit _____ ich jetzt

   zusammenarbeite.

5. In der Mitte ist der Arbeitsplatz von Erik, _____ alles organisiert,

   und von Maria, _____ immer im Stress ist.

6. Unser Chef, _____ wir alle mögen, ist selten da.

4   Schreiben Sie die Sätze. Achten Sie auf die richtige Verbform (Zeitstufe).

1. ___Thomas C. Brezina wurde 1963 in Wien geboren._____

   (Thomas C. Brezina / 1963 / in Wien / geboren werden)

   Schon als kleiner Junge las er viel, aber er wollte auch eigene Geschichten schreiben.

2. _____,

   (nachdem / er / sein erstes Buch / schreiben)

   konnte er mit dem Schreiben nicht mehr aufhören. Bis heute hat er schon viele Bücher geschrieben.

3. _____

   (die meisten Titel / in andere Sprachen / werden übersetzen)

4. Die Abenteuer, _____,

   (die / Brezina / in seinen Büchern / beschreiben)

   sind bei Kindern und Jugendlichen in aller Welt beliebt.

5. Auf die Frage, _____,

   (woher / er / die Ideen / nehmen)

   antwortet der Autor: „Mein Kopf ist ein großer Abenteuerspielplatz.

6. Mein Ziel ist es, _____.

   (Kindern / eine Freude / machen)

   Ich will, dass ein Kind, das ein Buch von mir gelesen hat, sich danach ein bisschen besser fühlt."

5 P Welches Wort passt in die Lücke? Ergänzen Sie.

„Nimm dir Zeit zum ____**1**____, es ist die Musik der Seele. Nimm dir Zeit, freundlich ____**2**____, es ist der Weg zum Glück. Nimm dir Zeit, zu lieben und geliebt zu werden, es ist der Sinn ____**3**____." Dieses irische Sprichwort ist immer gültig. Die Yoga-Trainerin Kerstin Wagner beschäftigt sich ____**4**____ Jahren mit dem Lachen. In ____**5**____ Interview erzählt sie ihre Geschichte. Viele Jahre lang hatte sie Rücken-schmerzen, aber ____**6**____ Arzt konnte die Ursache finden. ____**7**____ begann sie, Alternativen zur Schulmedizin ____**8**____. Und dabei entdeckte sie das Lachen. Beim Lachen werden Substanzen aktiviert, ____**9**____ auch bei Schmerzen helfen können. ____**10**____ des Lachens vergisst man seine Schmerzen, man denkt nicht daran. Die Selbstheilungskräfte ____**11**____ werden aktiv. Kinder lachen sehr oft: bis zu 400 Mal am Tag; ____**12**____ dagegen nur 15 Mal. Lachen ist gut für die Seele. Es klingt banal, ____**13**____ es stimmt. Lächeln Sie ____**14**____ morgens im Spiegel an und ____**15**____ wird besser. Humor ist ein Medikament, ____**16**____ Sie in keiner Apotheke kaufen können.

1. a das Lachen
   b lachen
   c Lachen

2. a bist
   b sein
   c zu sein

3. a das Leben
   b dem Leben
   c des Lebens

4. a bis
   b seit
   c während

5. a ein
   b einem
   c eines

6. a kein
   b keinem
   c keiner

7. a Deshalb
   b Trotzdem
   c Weil

8. a suchen
   b suchte
   c zu suchen

9. a den
   b der
   c die

10. a Trotz
    b Während
    c Wegen

11. a dem Körper
    b der Körper
    c des Körpers

12. a ein Erwachsener
    b eine Erwachsene
    c erwachsen

13. a aber
    b deshalb
    c trotzdem

14. a dich
    b mich
    c sich

15. a die Stimmen
    b die Stimmung
    c stimmen

16. a das
    b den
    c die

6 P Welches Wort passt in die Lücke? Ergänzen Sie.

Treppenläufer Christian Riedl

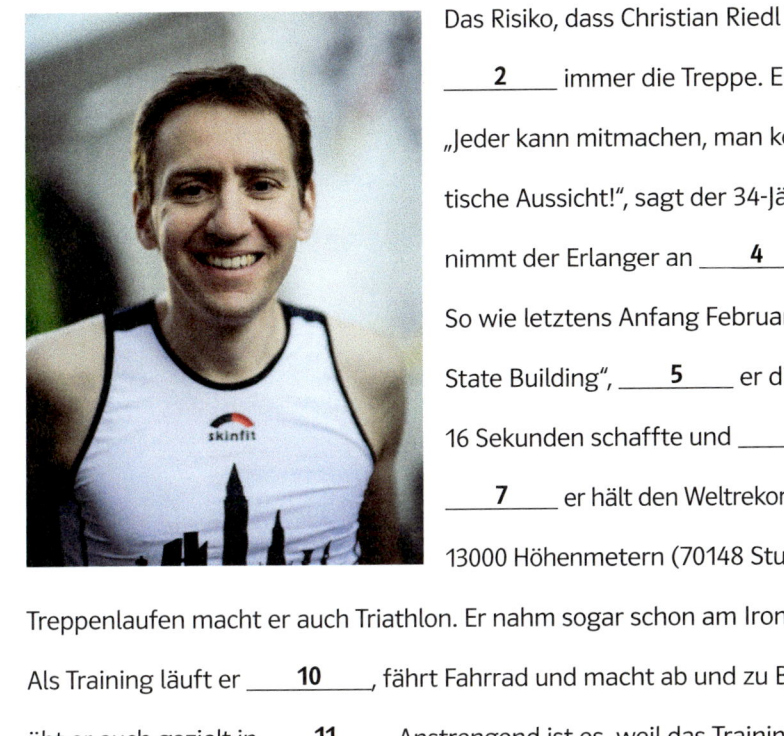

Das Risiko, dass Christian Riedl im Lift ___**1**___, gibt es nicht, denn

___**2**___ immer die Treppe. Er erklärt auch gern, warum ___**3**___.

„Jeder kann mitmachen, man kommt schnell an und hat eine fantas-

tische Aussicht!", sagt der 34-Jährige und lacht. Seit einigen Jahren

nimmt der Erlanger an ___**4**___ Treppenlauf-Wettbewerben teil.

So wie letztens Anfang Februar beim Lauf im New Yorker „Empire

State Building", ___**5**___ er die 1576 Stufen in nur 10 Minuten und

16 Sekunden schaffte und ___**6**___. Aber er besitzt auch Ausdauer,

___**7**___ er hält den Weltrekord im 12-Stunden-Treppenlauf mit über

13000 Höhenmetern (70148 Stufen). Kein Wunder: ___**8**___ dem

Treppenlaufen macht er auch Triathlon. Er nahm sogar schon am Ironman-Triathlon auf Hawaii ___**9**___.

Als Training läuft er ___**10**___, fährt Fahrrad und macht ab und zu Bergläufe. Vor Treppenlauf-Wettkämpfen

übt er auch gezielt in ___**11**___. Anstrengend ist es, weil das Training nach ___**12**___ Arbeitszeit stattfinden

muss, aber seine Frau unterstützt ___**13**___ sehr. Sie begleitet ihn zu den Trainingsläufen in Treppenhäusern

und organisiert ___**14**___ Versorgung. Christian Riedl findet seinen Sport eine ___**15**___ Ergänzung zu

seinem „normalen" Leben: Der Sportler arbeitet ___**16**___ Physiker.

1. a) bleiben steckt
   b) bleibt stecken
   c) stecken bleibt

2. a) benutzt er
   b) er benutzen
   c) er benutzt

3. a) das macht er
   b) er das macht
   c) macht er das

4. a) jeden
   b) keinen
   c) vielen

5. a) bei das
   b) bei dem
   c) bei den

6. a) gewann
   b) gewinnt
   c) gewonnen hatte

7. a) da
   b) denn
   c) weil

8. a) neben
   b) über
   c) unter

9. a) mit
   b) teil
   c) vor

10. a) am meisten
    b) mehr
    c) viel

11. a) Hochhaus
    b) Hochhäuser
    c) Hochhäusern

12. a) den
    b) der
    c) die

13. a) ihm
    b) ihn
    c) sich

14. a) ihr
    b) sein
    c) seine

15. a) bessere
    b) beste
    c) gute

16. a) als
    b) und
    c) wie

39 Liste der Präpositionen A1 – B1

ab (temporal)	**Dativ:** Ab dem 20. Juni bin ich in Urlaub.
	Ohne Artikel: Ich bin morgen ab 9.00 Uhr im Büro.
an/am (lokal)	**Dativ:** Der Schrank steht an der Wand. Wir treffen uns am Eingang.
	Akkusativ: Wir hängen die Plakate an die Wand.
an/am (temporal)	**Dativ:** Wir beginnen unseren Kurs am 1. Mai. Er ist am Abend gekommen. Am Montag hat das Museum zu.
an	**Dativ:** Er hat Spaß am Kochen. Herr Schulz arbeitet an dem Projekt.
	Akkusativ: Ich glaube an dich.
auf (lokal)	**Dativ:** Dein Handy liegt auf dem Schreibtisch.
	Akkusativ: Frau Brühl legt die Einkaufstasche auf den Tisch.
auf	**Akkusativ:** Wir warten auf den Bus. Ich freue mich auf deinen Besuch.
aus (modal)	**Ohne Artikel:** Der Stuhl ist aus Plastik.
aus (lokal)	**Dativ:** Der Sänger kommt aus den USA.
außerhalb (lokal)	**Genitiv:** Das Einkaufszentrum befindet sich außerhalb der Stadt.
außerhalb (temporal)	**Genitiv:** Wir sind leider außerhalb der Sprechzeit gekommen.
bei/beim (temporal)	**Dativ:** Ich mache mir immer Notizen beim Lernen.
bei (lokal)	**Dativ:** Wir treffen uns bei mir. Herr Stein arbeitet bei der Polizei.
bei	**Dativ:** Ich will mich bei der Bank bewerben. Ich möchte mich bei Ihnen bedanken.
bis (temporal)	**Akkusativ:** Schicken Sie bitte Ihren Lebenslauf bis nächsten Montag.
	Ohne Artikel: Wir warten bis 20.00 Uhr auf euch.
durch (lokal)	**Akkusativ:** Ich gehe jeden Tag durch den Hauptmarkt.
für (temporal)	**Akkusativ:** Im Winter fahre ich für zwei Wochen nach Kuba.
für	**Akkusativ:** Markus interessiert sich für Autos. Ich bezahle für das Essen.
gegenüber (lokal)	**Dativ:** Ein Supermarkt befindet sich gegenüber dem Bahnhof.
hinter (lokal)	**Dativ:** Die Garage ist hinter dem Haus.
	Akkusativ: Die Zeitung ist hinter das Bett gefallen.
in/im (lokal)	**Dativ:** Ich kaufe oft in diesem Geschäft ein. Die Hose liegt im Schrank.
	Akkusativ: Timo möchte am Samstag in die Disco gehen.
in/im (temporal)	**Dativ:** Im Frühling fahre ich nach Japan. In diesem Monat hat es besonders viel geregnet. Frau Blüml kommt in einer Woche zurück.
innerhalb (lokal)	**Genitiv:** Innerhalb der Stadtmauern ist die Altstadt.
innerhalb (temporal)	**Genitiv:** Ich erwarte Ihre Antwort innerhalb der nächsten zwei Wochen.
mit (modal)	**Dativ:** Auch im Winter fährt er mit dem Fahrrad. Carola fährt mit ihrer Mutter in Urlaub.
mit	**Dativ:** Klaus telefoniert mit seiner Freundin. Kerstin kommt mit ihren Mitarbeiterinnen gut zurecht. Wir sind mit der Wohnung zufrieden.
nach (lokal)	**Ohne Artikel:** Der Zug fährt nach München. Er fliegt bald nach Kanada. Schauen Sie bitte nach rechts.
nach (temporal)	**Dativ:** Nach ihrer Krankheit machte sie eine längere Pause. Nach dem Essen trinken wir einen Kaffee.
nach	**Dativ:** Ich habe gestern nach einer Information gefragt.
neben (lokal)	**Dativ:** Ich parke mein Auto neben der Apotheke.
	Akkusativ: Stellen Sie das Regal neben den Schrank.

seit (temporal)	**Dativ:** Ich lebe jetzt <u>seit einem</u> Jahr in Deutschland. Christian arbeitet <u>seit einer</u> Woche als Bankkaufmann.
trotz	**Genitiv:** Wir sind <u>trotz des</u> Regens spazieren gegangen.
	Dativ: Das Flugzeug landete <u>trotz dichtem</u> Nebel.
über (lokal)	**Dativ:** Die Lampe hängt <u>über dem</u> Schreibtisch.
	Akkusativ: Wir hängen noch eine Lampe <u>über den</u> Tisch.
über	**Akkusativ:** Ich habe mich <u>über den</u> Unfall sehr geärgert. Die Kinder haben sich <u>über die</u> Geschenke sehr gefreut.
um (temporal)	**Ohne Artikel:** Der Kurs beginnt <u>um</u> 8.30 Uhr.
um	**Akkusativ:** Karin muss sich <u>um ihre</u> kranke Mutter kümmern.
	Ohne Artikel: Darf ich dich <u>um</u> Hilfe bitten?
unter (lokal)	**Dativ:** Der Hund schläft <u>unter dem</u> Tisch.
	Akkusativ: Ich habe die Flasche <u>unter den</u> Sitz gelegt.
von/vom (lokal)	**Dativ:** Freitags komme ich früher <u>von der</u> Arbeit nach Hause. Ich hole dich <u>vom</u> Bahnhof ab.
	Ohne Artikel: Die Maschine fliegt <u>von</u> Berlin nach München.
von ... an (temporal)	**Dativ:** <u>Von nächstem</u> Montag <u>an</u> beginnen wir um 8.30 Uhr.
von/vom ... bis (temporal)	**Dativ:** Das Filmfestival dauert <u>vom</u> 15. <u>bis zum</u> 20. Juni.
	Ohne Artikel: <u>Von</u> Montag <u>bis</u> Donnerstag arbeite ich bis 17.00 Uhr.
von (modal)	**Dativ:** Woher hast du die Adresse <u>von diesem</u> Hotel?
von	**Dativ:** Herr Rauz hat viel von <u>seiner Reise</u> nach Japan erzählt. Wir haben gerade <u>von dir</u> gesprochen.
vor (lokal)	**Dativ:** Das Fahrrad steht <u>vor der</u> Garage.
	Akkusativ: Das Taxi fährt <u>vor das</u> Hotel.
vor (temporal)	**Dativ:** Der Film hat schon <u>vor einer</u> Stunde begonnen.
	<u>Vor dem</u> Schlafengehen trinkt Helen immer ein Glas Milch.
während (temporal)	**Genitiv:** <u>Während der</u> Woche habe ich keine Zeit zum Einkaufen.
wegen (kausal)	**Genitiv:** Justus ist <u>wegen der</u> Schmerzen zu Hause geblieben.
	Dativ: Ich mache mir <u>wegen dir</u> große Sorgen.
zu/zum/zur (lokal)	**Dativ:** Ich gehe heute Abend <u>zu meinen</u> Eltern. Karin geht einmal in der Woche <u>zum</u> Friseur. Die Buslinie fährt <u>zur</u> Uni.
zu (temporal)	**Dativ:** Kommt ihr heute <u>zum</u> Abendessen? <u>Zu</u> Ostern fahren wir ins Gebirge.
zu	**Dativ:** Wir möchten dich <u>zu unserer</u> Hochzeit einladen. Ich gratuliere dir <u>zur</u> bestandenen Fahrprüfung.
zwischen (lokal)	**Dativ:** <u>Zwischen dem</u> Haus und <u>der</u> Garage wächst ein Apfelbaum.
	Akkusativ: Wir stellen die Pflanze <u>zwischen das</u> Bett und <u>die</u> Kommode.

40 Lösungen

A Selbsttest A2

1 2b – 3a – 4b

2 2. Der Drucker funktioniert nicht, weil das Kabel kaputt ist. 3. Herr Schröder ist aufgeregt, weil er seinen Terminkalender nicht finden kann. 4. Ich muss den Text noch einmal schreiben, weil ich die Datei nicht gespeichert habe.

3 3. Wenn sie die Reise rechtzeitig bucht, bekommt sie ein gutes Angebot. 4. Wenn sie mit dem Zug fährt, kommt sie entspannt in Italien an. 5. Wenn sie angekommen ist, trinkt sie zuerst einen Cappuccino. 6. Wenn Miriam am Strand spazieren geht, sammelt sie Muscheln. 7. Wenn sie morgens im Stau steht, lernt sie immer Italienisch.

4 2. weil, 3. weil, 4. denn, 5. denn, 6. deshalb

5 2. Tim gibt viel Geld für Bücher aus, deshalb braucht er ein neues Bücherregal. Tim gibt viel Geld für Bücher aus, weil Literatur sein Hobby ist. 3. Leandra braucht neue Laufschuhe, weil sie für einen Marathon trainiert. Leandra braucht neue Laufschuhe, deshalb geht sie in ein Sportgeschäft. 4. An den Kassen stehen viele Leute, weil alle vor den Feiertagen einkaufen wollen. An den Kassen stehen viele Leute, deshalb müssen wir sehr lange warten. 5. Herr Lorz kauft nur eine Milch, deshalb nimmt er keinen Einkaufswagen. Herr Lorz kauft nur eine Milch, weil er gestern die Milch vergessen hat.

6 2. Deshalb, 3. dass, 4. weil, 5. Wenn, 6. dass, 7. dass, 8. weil, 9. dass, 10. Wenn

7a 2. Wie, 3. Was, 4. Wann, 5. Wo, 6. Wie viele

7b 2. …, wie alt sie wird? 3. …, was ihre Freunde planen? 4. …, wann die Party beginnt? 5. …, wo sie stattfindet. 6. …, wie viele Gäste eingeladen sind?

8 2. den, 3. die, 4. der, 5. die, 6. die, 7. das, 8. den, der

9 2. Findet die Ausstellung, die du organisierst, in der Kunstgalerie statt? 3. Das Museum, das sie morgen besuchen, sammelt Zeichnungen aus dem 18. Jahrhundert. 4. Gefallen dir die Plakate, die überall in der Stadt hängen? 5. Der Filmkritiker, den du gestern kennengelernt hast, schreibt für unsere Tageszeitung.

10 2. kein, 3. jeden, 4. ein, 5. den, 6. was für eines, 7. Eines, 8. meinem, 9. alles, 10. die, 11. die, 12. mir, 13. niemand, 14. alle, 15. man, 16. du

11 2. modische, kleinen; 3. neuen; 4. langen, schicken; 5. große, blaue, kleine, gelbe; 6. alte, besondere

12 2. eleganten, 3. freundlicher, 4. guter, 5. bekannte, 6. wunderschöne, 7. ganze, 8. neuen, 9. neuen

13 2. besser, 3. interessanter, 4. mehr, 5. lauter, 6. schneller, 7. lieber

14 1. zwischen der, dem; 2. auf den, in der; 3. im, in den, im, in den; 4. in der, ins, auf dem, unter den

15 1a – 2c – 3c – 4b – 5a – 6b – 7c – 8b – 9b – 10a – 11c – 12a – 13c – 14b – 15b – 16b

16 1c – 2b – 3b – 4a – 5c – 6c – 7c – 8c – 9b – 10a – 11a – 12b – 13a – 14a – 15b – 16c – 17a – 18c – 19c – 20a

B Sätze

1 **Nebensätze mit dass, weil, wenn**

1 2e – 3a – 4b – 5d

2 2. wenn, 3. dass, 4. weil, 5. wenn, 6. weil, 7. dass, 8. weil

3 1. Wenn das Wetter schön ist, kann man draußen sitzen. 2. Das Picknick fällt heute aus, weil es regnet. 3. Ich finde, dass es genug Schnee zum Skifahren gibt. 4. Wenn die Sonne scheint, ist es angenehm warm. 5. Luca erzählt, dass es gestern sehr windig war. 6. Weils es Winter ist, ist es morgens noch dunkel.

4 2. …, weil sie spannende Geschichten liebt. 3. …, weil er keine nassen Haare haben möchte. 4. …, weil er gesund leben möchte. 5. …, weil sie fit bleiben will. 6. …, weil sie so gut entspannen kann.

5 2. Ich bin so fröhlich, weil ich gerade ein Problem gelöst habe. 3. Das hat so lange gedauert, weil ich die Datei nicht öffnen konnte. 4. Wenn Sie zu Mittag essen möchten, gehen Sie doch mit uns in die Kantine. 5. Bernd hat über das Meeting erzählt, weil er dort interessante Leute kennengelernt hat. 6. Ina arbeitet nicht gern zu Hause, weil sie den Kontakt mit Kollegen braucht. 7. Alle Mitarbeiter sind informiert, dass der Plan bis Monatsende fertig sein muss.

2 **Indirekte Fragen: mit W-Wort und mit ob**

1 2. …, wo man hier Fahrscheine kaufen kann. 3. …, wie man am besten zum Nationalmuseum kommt. 4. …, um wie viel Uhr die Geschäfte schließen. 5. …, welche Buslinie ins Zentrum fährt. 6. …, wie lange das Kunstmuseum geöffnet hat. 7. …, wie weit es vom Hotel bis zur Altstadt ist.

2 2. Können Sie mir sagen, wie hoch die Nebenkosten sind? 3. Darf ich fragen, wer früher in der Wohnung gewohnt hat? 4. Sagen Sie mir bitte, wie viele Stockwerke das Gebäude hat. 5. Ich möchte noch fragen, wann man die Wohnung besichtigen kann.

3 2. ob, 3. wie, 4. was, 5. ob, 6. wie, 7. ob, 8. ob, 9. ob, 10. was, 11. ob

4 2. …, ob man die Klimaanlage ausschalten kann. 3. …, ob jemand den neuen Abteilungsleiter kennt. 4. …, ob sich Lars bei GERMANOS beworben hat. 5. …, ob das Treffen für ihn sehr wichtig ist. 6. …, ob sie die Akten schon geprüft haben. 7. …, ob sie immer Wochenenddienst machen muss.

5 2G – 3R – 4R – 5G – 6G – 7R – 8R; R: 3. …, auf welchen Namen er das Zimmer buchen soll. 4. …, ob der Gast ein Zimmer mit Seeblick möchte. 7. …, wann der Gast anreist. 8. …, wie lange der Gast bleiben will. – G: 2. …, wie viel ein Zweibettzimmer pro Nacht kostet. 5. …, ob das Frühstück inbegriffen ist. 6. …, ob er mit Kreditkarte bezahlen kann.

3 **Nebensätze mit da und obwohl**

1 2. Da, 3. Obwohl, 4. Obwohl, 5. Da

2 2. …, obwohl der Arzt es verboten hat. 3. …, obwohl ich dir einen Zettel geschrieben habe. 4. Obwohl das mich beim Lernen stört, … 5. Obwohl ich dich darum gebeten habe, … 6. Obwohl sie jetzt besonders viel Wasser brauchen, …

3 2. Ich trinke heute Kaffee, obwohl Tee besser für meinen Magen ist. 3. Da gesunde Ernährung wichtig ist, achten viele Leute darauf. 4. Obwohl Stefanie Croissants mag, isst sie eine Scheibe Vollkornbrot. 5. Wir warten schon eine Stunde auf unser Essen, weil das Restaurant überfüllt ist. 6. Obwohl die Suppe wirklich sehr scharf ist, schmeckt sie mir gut. 7. Da ich keinen großen Hunger habe, habe ich nur einen Salatteller bestellt. 8. Da Herr Ritter sehr gern kocht, lädt er jeden Samstag Freunde ein.

4 Satzverbindungen mit *darum, deswegen* und *trotzdem*

1 2. trotzdem, 3. trotzdem, 4. darum, 5. deshalb, 6. trotzdem, 7. deswegen, 8. trotzdem

2 2. weil, 3. trotzdem, 4. Obwohl, 5. trotzdem, 6. deshalb, 7. Da, 8. trotzdem

3 2. …, weil es frische Brötchen gibt. 3. …, deshalb fahre ich mit dem Rad zur Arbeit. 4. …, obwohl das Projekt bald fertig sein muss. 5. …, deshalb nehme ich eine große Portion davon. 6. …, weil ich im Café verabredet bin. 7. …, trotzdem muss ich noch einkaufen. 8. …, weil ich heute Geburtstag habe!

5 Temporale Nebensätze mit *während, seit(dem), nachdem*

1 2g – 3a – 4b – 5c – 6f – 7d

2 2. …, während ich im Urlaub war. 3. Während Sie den Kurs besuchen, … 4. …, während ich auf dich gewartet habe. 5. …, während er in Wien studiert hat.

3 2. bewarb, 3. abgeschickt hatte, 4. geprüft hatte, 5. ausgefüllt hatte, 6. bekam

4 2. Nachdem, 3. Während, 4. bevor, 5. als, 6. bis, 7. Seit(dem)

5 2. Eine Hose war leider grün, nachdem ich sie mit meinem grünen Pullover gewaschen hatte/habe. 3. Als ich am Samstag in die Stadt ging, war ich in verschiedenen Geschäften. 4. Ich suchte sehr lange / habe sehr lange gesucht, bis ich etwas Passendes gefunden habe/hatte. 5. Bevor ich die Hose kaufte / gekauft habe, probierte ich sie an / habe ich sie anprobiert. 6. Mein Handy klingelte / hat geklingelt, während ich in der Kabine war. 7. Ich bemerkte das Loch erst / habe das Loch erst bemerkt, als ich zu Hause war. 8. Nachdem ich das Loch entdeckt hatte, wollte ich die Hose sofort umtauschen.

6 Relativsätze mit Relativpronomen im Dativ

1 2. ihm – dem, 3. ihnen – denen, 4. ihm – dem, 5. ihr – der

7 Relativsätze mit Präposition und Relativpronomen

1 1. für den; 2. auf den, in der; 3. an dem; 4. über die, mit der; 5. für die, in der

2 2. um die, 3. über den, 4. in der, 5. auf den, 6. an dem, 7. über das, 8. über den / von dem

3 2. …, der romantisch ist, den ich jeden Tag bewundere und bei dem ich mich sicher fühle. 3. Meine Traumpartnerin ist eine schöne Frau, die ich immer bei mir haben möchte, die mir meine Fehler verzeiht und mit der ich über alles sprechen kann. 4. Mein Traumjob ist eine interessante Arbeit, die nicht monoton ist und Spaß macht, die ich jeden Tag gern mache und in der ich kreativ bin. 5. Meine Traumwelt ist ein blauer Planet, der wie die Erde aussieht, auf dem nur glückliche Menschen leben und den man vor den Menschen nicht retten muss.

8 Relativsätze mit *was* und *wo*

1 2. was, 3. wo, 4. was, 5. was, 6. wo, 7. was

2 2. in der, 3. bei dem, 4. auf der, 5. in der, 6. in dem

9 Infinitiv mit *zu*

1 2. –, 3. zu, 4. zu, 5. zu, 6. –, 7. –, 8. –, 9. zu, 10. zu, 11. –

2 2a – 3b – 4e – 5c – 6f

3 2. …, es heute Abend zu Hause zu lassen. 3. …, im Konzert von Handyklingeln gestört zu werden. 4. …, das Handy nicht mitzunehmen. 5. …, den Abend mit Michael zu verbringen. 6. …, ihn vor dem Konzertsaal zu treffen. 7. …, ihn zu erreichen. 8. …, das erste Stück zu spielen. 9. …, bis zur Pause draußen zu warten.

4 3. Ich habe versprochen, mich bald zu melden. 4. Wir genießen es, in aller Ruhe zu frühstücken. 5. Alle haben versprochen, in Kontakt zu bleiben. 8. Frau Möller freut sich, am Samstag in Urlaub zu fahren. 9. Familie Rau hofft, bald in die neue Wohnung einzuziehen.

5 1c – 2b – 3c – 4b – 5b – 6c – 7c – 8b – 9b – 10b

10 Nebensätze mit *damit* und *um … zu*

1 2e – 3d – 4f – 5c – 6a

2 2. …, um mich zu entspannen. 3. …, um meine Berufschancen zu verbessern. 4. …, um meinen Studienfreund zu besuchen. 5. …, um gut informiert zu sein. 6. …, um längere Wanderungen zu machen.

3 2. damit …, –; 3. um … zu; 4. um … zu; 5. damit …, –

4 2. Mirko lernt Deutsch, damit sich seine Berufschancen verbessern. 3. Tuana lernt Deutsch, damit sie deutsche Filme sehen kann. → Tuana lernt Deutsch, um deutsche Filme sehen zu können. 4. Eleni lernt Deutsch, damit sie in Deutschland studieren kann. → Eleni lernt Deutsch, um in Deutschland studieren zu können. 5. Tomas lernt Deutsch, damit seine Brieffreundin in ihrer Muttersprache schreiben kann. 6. Maurice lernt Deutsch, damit er etwas über die deutsche Kultur erfährt. → Maurice lernt Deutsch, um etwas über die deutsche Kultur zu erfahren.

5 2. …, um Obst und Gemüse einzukaufen. 3. …, damit sie mir gut passen. 4. …, um sich etwas aussuchen zu dürfen. 5. …, damit seine Freundin ausschlafen kann.

11 Nebensätze mit *sodass* und *so … dass*

1 2d – 3f – 4a – 5b – 6c

2 2. Sie ist so müde, dass sie einen Kaffee zum Frühstück trinkt. 3. In der Nacht hat es geschneit, sodass sie mit dem Bus ins Büro fahren muss. 4. Das Projekt muss morgen fertig sein, sodass sie heute viel Arbeit hat. 5. Sie ist so gestresst, dass sie die Mittagspause auslässt. 6. Um 19 Uhr hat sie das Projekt abgeschlossen, sodass sie nach Hause gehen kann. 7. Sie ist so glücklich, dass sie eine Freundin ins Restaurant einlädt. 8. Die Zeit mit der Freundin ist so schön, dass Indra sich gut entspannen kann.

12 Irreale Bedingungssätze: *wenn* + Konjunktiv II

1 1. könnten; 2. wäre, würdest; 3. wäre, würde; 4. könnte, würde; 5 wäre, könntest; 6. wäre, würde

2 2. …, würde ich um die Welt reisen. 3. …, würde ich etwas spenden. 4. …, würde ich vielleicht eine Wohnung kaufen. 5. …, müsste ich nicht mehr arbeiten. 6. …, würde ich öfter ins Restaurant gehen. / ginge ich öfter ins Restaurant. 7. …, wäre ich nicht glücklicher als jetzt.

3 2. würde, würde; 3. würde, würde; 4. hätte, wäre; 5. wäre, würde; 6. hätten, wäre

4 2. Wenn du früher ins Bett gehen würdest, wärst du morgens wacher. 3. Du würdest dich besser fühlen, wenn du öfter an der frischen Luft wärst. 4. Du würdest besser schlafen, wenn du weniger Kaffee trinken würdest. 5. Du würdest fitter bleiben, wenn du mehr Sport machen würdest. 6. Wenn du weniger Süßigkeiten essen würdest, würdest du abnehmen. Ohne *wenn*: 2. Würdest du früher ins Bett gehen, (dann) wärst du morgens wacher. 3. Wärst du öfter an der frischen Luft, (dann) würdest du dich besser fühlen. 4. Würdest du weniger Kaffee trinken, (dann) würdest besser schlafen. 5. Würdest du mehr Sport machen, (dann) würdest du fitter bleiben. 6. Würdest du weniger Süßigkeiten essen, (dann) würdest du abnehmen.

13   Zweiteilige Satzverbindungen

1   2a – 3e – 4b – 5f – 6c

2   2e – 3a – 4d – 5g – 6c – 7f

14   Zusammenfassung: Haupt- und Nebensätze

1   2. obwohl, 3. deshalb, 4. weil, 5. Trotzdem, 6. weil, 7. Aber, 8. denn, 9. obwohl, 10. Deshalb, 11. Und

2   2. Nachdem/Als, 3. Während, 4. Als, 5. Seitdem, 6. Als, 7. bevor, 8. nachdem/als, 9. Als

3   2. den, 3. das, 4. die, 5. denen, 6. der, 7. was, 8. wo/auf der, 9. der, 10. was, 11. dem

4   2. könnte, 3. müsste, 4. hätte, 5. ist, 6. Wäre

5   2. –, 3. damit, 4. sodass, 5. dass, 6. um … zu … zu, 7. –, 8. –, 9. damit, 10. –, 11. zu, 12. damit, 13. um … zu, 14. sodass, 15. zu

6   2. Lass uns entweder in der Bibliothek oder bei dir lernen! 3. Ich will weder in der Bibliothek lernen noch können wir zu mir gehen. 4. Wir müssen nicht nur Rechnen üben, sondern auch Formeln auswendig lernen. 5. Zwar will ich nicht alleine lernen, aber heute passt es bei mir einfach nicht. 6. Dann lernen wir eben sowohl am Samstag als auch am Sonntag. O. k.? 7. O. k. Einerseits sind Mathe und Physik echt doof, andererseits (aber) auch total spannend!

7   2. Da, 3. seitdem, 4. deshalb, 5. zu, 6. Um … zu, 7. Während, 8. wohin, 9. aber, 10. die, 11. wenn, 12. Obwohl, 13. ob, 14. dass, 15. den, 16. Trotzdem

8   1j – 2m –3h – 4a – 5g – 6b – 7d – 8e – 9o – 10f

C   Wörter

15   Verben: Perfekt, Präteritum

1a   Regelmäßige Verben: **einfach:** bauen – gebaut, hören – gehört, packen – gepackt, tanzen – getanzt; **trennbar:** abholen – abgeholt, aufwachen – aufgewacht, auswählen – ausgewählt, vorstellen – vorgestellt; **nicht trennbar:** besichtigen – besichtigt; besuchen – besucht, verbessern – verbessert, verkaufen – verkauft

1b   Unregelmäßige Verben: **einfach:** backen – gebacken, fahren – gefahren, fallen – gefallen, helfen – geholfen, schneiden – geschnitten; **trennbar:** abgeben – abgegeben, anrufen – angerufen, einschlafen – eingeschlafen, mitkommen – mitgekommen, weggehen – weggegangen; **nicht trennbar:** behalten – behalten; empfehlen – empfohlen, unterschreiben – unterschrieben, verstehen – verstanden, versprechen – versprochen

2a   bleiben, einschlafen, fallen, gehen, passieren, reisen, sein, sterben, umsteigen, umziehen, weggehen, werden, zurücklaufen

2b   ich bin / du bist / er/sie ist / wir sind / ihr seid / sie sind: geblieben, eingeschlafen, gefallen, gegangen, gereist, gewesen, gestorben, umgestiegen, umgezogen, weggegangen, geworden, zurückgelaufen, es ist passiert; ich habe / du hast / er/sie hat / wir haben / ihr habt / sie haben: angerufen, begonnen, ferngesehen, gehabt, geheiratet, geholt, korrigiert, gelebt, genommen, renoviert, geschlafen, getanzt, getroffen, getrunken, vergessen, verloren

3   2. Ich habe sie schon reserviert. 3. Ich habe sie schon angerufen. 4. Ich habe es schon bestellt. 5. Ich habe es schon gebucht. 6. Ich habe sie schon geprüft. 7. Ich habe sie schon abgeholt.

4   2. Haben Sie die E-Mail gestern gelesen? 3. Haben Sie den Gästen Getränke angeboten? 4. Haben Sie die Briefe verschickt? 5. Ist im Meeting etwas Schlimmes passiert? 6. Ist die Firma nach Wien umgezogen? 7. Haben Sie den Termin notiert? 8. Haben Sie Frau Aman das Notebook geliehen?

5   2. konnte, 3. mussten, 4 war, 5. konnte, 6. Waren, 7. wollte, 8. habe … bekommen, 9. hatte

6   2. verletzte, 3. fanden, 4. kam … an, 5. starben, 6. schloss, 7. verlor, 8. gingen, 9. erhielt, 10. eröffnete

7   2. saß, 3. jammerte, 4. schneite, 5. war, 6. rief, 7. musste, 8. kletterte, 9. konnte

16   Vergangenheit: Plusquamperfekt

1   2. war, erkältet hatte; 3. legte, gemessen hatte; 4. kaufte, gefunden hatte; 5. gewesen war, fühlte; 6. konnte, genommen hatte

2   2. Nachdem ich die Wohnung besichtigt hatte, mietete ich sie sofort. 3. Nachdem ich die Wände gestrichen hatte, musste ich noch den Teppichboden reinigen. 4. Nachdem ich die Fenster geputzt hatte, wusch meine Schwester die Vorhänge. 5. Nachdem der Tischler den Wandschrank montiert hatte, konnte ich die Kisten auspacken. 6. Nachdem ich eine Waschmaschine gekauft hatte, schloss mein Vater sie an. 7. Nachdem ich alles eingerichtet hatte, machte ich eine Einweihungsparty.

3   2. zogen … um, 3. gefunden hatte, 4. verlief, 5. verbessert hatte, 6. bestand, 7. machte, 8. war, 9. zog, 10. begann, 11. konnte, 12. gemacht hatte, 13. war, 14. kam, 15. studierte, 16. erworben hatte, 17. bekam, 18. ging

17 Futur I

1 2. Ich werde nach Argentinien fahren. 4. Bald werde ich die Koffer packen. 5. Morgen werde ich es meiner Familie erzählen. 7. Zuerst werde ich zu ihr/meiner Cousine fahren. 8. Am 15.5. wird es losgehen.

2 2. werde … machen, 3. werden … ergänzen, 4. werde … schreiben, 5. werde … besprechen, 6. werde … schaffen, 7. werde … lesen

3 3. Ich werde mich (nicht) gesünder ernähren. 4. Ich werde (nicht) regelmäßig zum Zahnarzt gehen. 5. Ich werde den Schreibtisch (nicht) öfter aufräumen. 6. Ich werde alte E-Mails (nicht) löschen. 7. Ich werde (nicht) weniger Geld ausgeben. 8. Ich werde (nicht) mit dem Rauchen aufhören. 9. Ich werde (nicht) die Zahnpastatube zudrehen. 11. Ich werde (nicht) Wasser sparen.

18 Das Passiv

1 2. werden, 3. serviert, 4. worden, 5. wurden, 6. geräumt

2 2d – 3g – 4a – 5f – 6e – 7c

3 2. werden … gesungen, 3. wird … gebastelt, 4. werden … gekauft, 5. wird … ausgegeben, 6. wird … geschmückt

4 2. Die Ausstellung wurde gestern eröffnet. // Die Ausstellung ist gestern eröffnet worden. 3. Am Sonntag wurde eine Demo organisiert. // Am Sonntag ist eine Demo organisiert worden. 4. Die Straße wurde wegen Bauarbeiten gesperrt. // Die Straße ist wegen Bauarbeiten gesperrt worden. 5. Die Universität wurde im 18. Jahrhundert gegründet. // Die Universität ist im 18. Jahrhundert gegründet worden. 6. Das Theater wurde vor 300 Jahren erbaut. // Das Theater ist vor 300 Jahren erbaut worden.

5 2. nicht gestört werden, 3. bezahlt werden, 4 abgeholt werden, 5. geweckt werden, 6. verkauft werden

6 2. Die Einladungen wurden (von ihm) verschickt / sind (von ihm) verschickt worden. 3. Das Essen und die Getränke wurden (von ihm) bestellt / sind (von ihm) bestellt worden. 4. Das Essen wurde (vom Catering) um 17.30 Uhr geliefert / ist (vom Catering) um 17.30 Uhr geliefert worden. 5. Die Gäste werden pünktlich (von den Taxis) abgeholt. 6. Das Buffet wird um 18.30 Uhr (von Herrn Kramer) eröffnet.

7 2. Dann setzt man den Filter ein. 3. Anschließend misst man das Kaffeepulver ab. 4. Dann schaltet man die Kaffeemaschine ein. 5. Bald kann man den Kaffee genießen!

8 2. geworden, 3. werden, 4. worden, 5. werden, 6. werden, geworden; Passivsätze: 4, 5

9 2. Solche Sachen werden im Keller aufbewahrt. 3. Vor zwei Jahren wurde im ganzen Haus Internet installiert / ist im ganzen Haus Internet installiert worden. 4. Das kann an einem Tag gemacht werden. 5. Das Haus wurde vor 10 Jahren gebaut / ist vor 10 Jahren gebaut worden. 6. Die Leitungen werden regelmäßig überprüft. 7. … darf nicht geraucht werden. 8. Die Eingangstür muss immer abgeschlossen werden.

19 Zusammenfassung: Verbformen

1a 2. gab, 3. schien, 4. wurde, 5. konnte, 6. lag, 7. schlief

1b 2. bin … ausgestiegen, 3. habe … bemerkt, 4. haben … unterhalten, 5. gekommen ist, 6. umgezogen ist

1c 2. werden … teilnehmen, 3. werden … einweihen, 4. wird … geben

2 2. wurde … verwüstet, 3. wurde … zerstört, 4. war, 5. gab, 6. waren … bemerkt worden, 7. hatte … angerufen, 8. wird … vermutet, 9. kann, 10. abgeschlossen wurden/sind

3 1b – 2c – 3b – 4a – 5b – 6a – 7a – 8b – 9a – 10c – 11b – 12b – 13c – 14a – 15c – 16a

4 1b – 2b – 3b – 4c – 5a – 6b

20 Nomen und Artikelwörter: *der, dieser, (was für) ein, kein, mein, welcher*

1 2. eine, 3. Ein, 4. das, 5. der, 6. Ein, 7. ein, 8. ein, 9. das, 10. einen, 11. ein, 12. der

2 2. ein, 3. kein, 4. –, 5. keine, 6. eine, 7. eine, 8. Eine, 9. einen, 10. einer, 11. keine, 12. –

3 2. mein, meine; 3. unsere; 4. ihren, ihrem; 5. eure; 6. ihr; 7. seine, seinem

4 2. diesem, 3. Dieses, 4. Welche, 5. Was für ein, 6. dieses, 7. Welches, 8. dieses

21 Nomen und Artikelwörter im Genitiv

1 2. das Auto meines Bruders, 3. der Beginn des Films, 4. die Sperrung einer Straße, 5. die Reparatur des Geräts, 6. die Adresse unserer Firma, 7. die Bestellung dieser Produkte

2 2. die Hektik des Alltags, 3. der Präsidentin des Gartenverbands, 4. der Sommer dieses Jahres, 5. eine Ausstellung der Gartenpflanzen, 6. die Königin des Westens, 7. Die Besucher der Ausstellung

3 2. Ihrer Kollegin, 3. unserer Sekretärin, 4. der Kopien, 5. dieser Software, 6. der Klimaanlage, 7. der Büroräume

22 Weitere Artikelwörter: Indefinitartikel

1 2. irgendwelche, 3. Jedes, 4. irgendeinen, 5. Manche, 6. alle, 7. irgendeine, 8. allen

2 1. jeden, 2. Viele, jedes, 3. Alle, irgendeine

23 Die n-Deklination

1 2. einen Journalisten, 3. einen Studenten, 4. jeden Menschen, 5. einem Touristen, 6. den Namen

2 Lokalnachrichten: 2. eines Psychologen, 3. einen Schönheitschirurgen, 4. jeden Patienten
Sportnachrichten: 2. Rivalen, 3. den Briten, 4. den Finnen, 5. dem Polen, 6. dem Russen

3 2. Man kann den Polizisten nach dem Weg fragen. 3. Die Sekretärin telefoniert gerade mit Herrn Schmidt. 4. Herr Schreiber lädt seinen Nachbarn jeden Sonntag zum Kaffee ein. 5. Tierschützer sorgen sich um den Bestand der Elefanten und der Löwen. 6. Der Umweltschutz ist für jeden Ökologen eine wichtige Aufgabe.

24 Zusammenfassung: Nomen und Artikelwörter

1 1a – 2a – 3a – 4c – 5b – 6c – 7c – 8b – 9c – 10a – 11b – 12c – 13b – 14c – 15a – 16c

25 Adjektive vor dem Nomen – ohne Artikel

1 1. großem, kräftiger; 2. nette, geduldige, eigenem; 3. starker, kinderliebe, gute

2 1. realistischer, nette, gleichaltrige, interessante, klassischen, wilde, ruhigen, spannenden, schnulzigen; 2. Lebenslustiger, junger, guter, ähnliche, coolen, anderen, Begeisterte

26 Komparativ und Superlativ vor Nomen

1 2. schöner, 3. schlechteste, 4. weniger, 5. meisten, 6. heißeste, 7. schönste

27   Adjektive als Nomen

1   verwandt: der Verwandte / ein Verwandter, die Verwandte /
eine Verwandte, die Verwandten / Verwandte; tot: der Tote /
ein Toter, die Tote / eine Tote, die Toten / Tote; erwachsen:
der Erwachsene / ein Erwachsener, die Erwachsene / eine
Erwachsene, die Erwachsenen / Erwachsene; arbeitslos: der
Arbeitslose / ein Arbeitsloser, die Arbeitslose / eine Arbeitslose, die Arbeitslosen / Arbeitslose; angestellt: der Angestellte / ein Angestellter, die Angestellte / eine Angestellte,
die Angestellten / Angestellte

2   2. Ich habe einem Verwandten von dem Unfall erzählt.
3. Bei dem Unfall gab es einen Toten. 4. Pro Tag braucht ein
Erwachsener etwa zwei Liter Wasser. 5. Auf dem Land gibt
es mehr Arbeitslose als in Städten. 6. Der Chef hat den
Angestellten entlassen.

28   Partizipien als Adjektive

1   2. gekochtes, 3. verletzte, 4. kommenden, 5. sinkende,
6. gegrillten

2   2. Bellende, 3. gestohlene, 4. gedeckten, 5. brennenden,
6. schlafenden

3   2. geriebenem, 3. geparkte, 4. verblühenden/verblühten,
5. winkende

29   Zusammenfassung: Nomen, Artikelwörter und Adjektive

1   1b – 2b – 3c – 4c – 5b – 6b – 7c – 8a – 9c – 10b – 11b – 12c –
13c – 14b – 15b – 16b

30   Artikelwörter als Pronomen, Indefinitpronomen

1   2. Welchen, 3. Diesen, 4. der, 5. Die, 6. deins, 7. meins

2   2. keinen, 3. eins, 4. keins, 5. die, 6. welche, 7. die

3   Dialog 1: 2. meinen, 3. Meiner, 4. seinen, 5. keinen; Dialog 2:
2. unseres, 3 Unseres, 4. ihres

4   2. man, 3. niemand, 4. jemand, 5. man, 6. jeden, 7. jeder,
8. Manche

**31   Pronomen + Akkusativergänzung, zwei Pronomen als
Ergänzungen**

1   2. sie uns, 3. uns einzelne Gerichte, 4. ihr ein Fischgericht,
5. der ganzen Gruppe die Bestellung, 6. meiner Mutter den
Fisch, 7. es ihnen

2   2. Ich habe ihm meines für eine Radtour geliehen. 3. Er wollte
es mir sofort danach zurückgeben. 4. Als Dankeschön hat er
mir eine orange Klingel geschenkt. 5. Ich zeige sie jedem und
jeder darf mal klingeln.

32   Reflexivpronomen + Akkusativobjekt

1   1. dich; 2. mich, mir; 3. dich, mir; 4. euch, mich, uns;
5. dir, dich, mich

2   2. dir, 3. dir, 4. mich, 5. mir, 6. mich, 7. uns, 8. mich

33   Präpositionen

1   1. bis zum, Während; 2. seit, bis, Seit; 3. von, vor, gegenüber

2   2. in der, 3. an einem, 4. An den, 5. Vor dem, 6. Zwischen dem
7. auf den 8. über die

34   Präpositionen mit Genitiv

1   2. wegen, 3. Innerhalb, 4. Während/Wegen, 5. trotz,
6. Außerhalb, 7. Trotz, 8. außerhalb

2   2. Wegen der Krankheit des Professors, 3. trotz der großen
Kälte, 4. Trotz des schlechten Wetters, 5. Wegen der kompli-
zierten Situation

**35   Verben und Ausdrücke mit Präpositionen; Pronominaladverb
da(r)-, Fragewort wo(r)-**

1   2. für, 3. vor, 4. von, 5. um, über, 6. mit, über

2   2. darauf, 3. darüber, 4. dafür, 5. dafür, 6. davon, 7. damit,
8. darauf

3   2. Dafür, 3. Von ihm, 4. in ihn, 5. davon, 6. danach, 7. darum,
8. dazu, 9. darüber / über sie, 10. auf sie

4   2. darüber, 3. dafür, 4. dafür, 5. darauf, 6. Darüber, 7. darüber,
8. bei ihr

5   2. Er hat darauf gewartet, dass sich die Situation verbessern
wird. 3. Er war darüber enttäuscht, dass man die Veränderungen zu spät gemacht hat. 4. Er hat sich darüber geärgert,
dass im Betrieb niemand offen diskutiert hat. 5. Er hatte
keinen Spaß mehr daran, innovative Vorschläge zu machen.
6. Er hat darauf gehofft, noch ein Jahr in der Firma arbeiten
zu können. 7. Er hat sich endlich dafür entschieden, seine
eigene Firma zu gründen. 8. Heute ist er sehr damit zufrieden,
unabhängig zu sein.

36   Fragewörter

1   2i – 3g – 4j – 5a – 6c – 7h – 8b – 9f – 10e

2   2. Mit wem, 3. Von wem, 4. Wovor, 5. Worüber, 6. Wofür,
7. Woran, 8. Worüber, 9. Woran, 10. Auf wen

3   2. Womit fahren Sie zur Arbeit? 3. Woran arbeiten Sie im
Moment? 4. Worum geht es in dem Projekt? 5. Bis wann muss
die Arbeit fertig sein? 6. Worum müssen Sie sich besonders
kümmern? 7. Worauf freuen Sie sich schon? 8. Wovon träumen
Sie? 9. Woran werden Sie in Zukunft arbeiten?

37   Wortbildung

1   *fahren:* die Fahrkarte, die Fahrstunde
kalt: die Kälte, die Kältewelle, die Erkältung
wohnen: der Einwohner, die Wohnung, das Wohnzimmer
krank: die Krankheit, das Krankenhaus, die Krankenschwester
Freund: der Naturfreund, die Freundschaft, der Schulfreund

2   2. mit dem Waschen, das Bügeln, 3. am Kochen,
4. zum Abspülen, 5. Nach dem Duschen

3   2. ist … gewandert, der Wanderung; 3. sammelt, Sammlung;
4. besichtigt, die Besichtigung; 5. angelt, Angler;
6. spielt, Spielerin; 7. verkauft, Verkäuferin

4   2. krank, Krankheit; 3. kalt, Kälte; 4. herzlich, Herzlichkeit;
5. einsam, Einsamkeit; 6. unfreundlich, Unfreundlichkeit;
7. dunkel, Dunkelheit; 8. warm, Wärme

5   2. das Dachfenster, 3. die Kellertreppe, 4. das Arbeitszimmer,
5. der Vorratskeller, 6. der Gemüsegarten, 7. die Schlafcouch,
8. die Stehlampe, 9. der Drehstuhl, 10. die Tiefgarage,
11. das Hochhaus, 12. der Neubau

6   *Schule:* Sprachschule, Baumschule, Schüler …
schwimmen: Schwimmbad, Schwimmschule, Schulschwimmen …
groß: Großvater, Großmarkt, faustgroß …

38   Zusammenfassung: Grammatiktraining B1

1   2. damit, 3. Nachdem, 4. Als, 5. Während, 6. dass, 7. Trotzdem,
8. denn, 9. bei denen, 10. bevor, 11. obwohl

2   1. vor, an; 2. während, nach; 3. im, in, für; 4. nach, bei; 5. trotz;
6. in die, wegen; 7. in den

3   2. der, 3. die, 4. denen, 5. der, die, 6. den

4 2. Nachdem er sein erstes Buch geschrieben hatte,
3. Die meisten Titel wurden in andere Sprachen übersetzt. /
Die meisten Titel sind in 35 Sprachen übersetzt worden.
4. die Brezina in seinen Büchern beschreibt, 5. woher er die
Ideen nimmt, 6. Kindern eine Freude zu machen

5 1c – 2c – 3c – 4b – 5b – 6a – 7a – 8c – 9c – 10b – 11c – 12a –
13a – 14c – 15b – 16a

6 1c – 2c – 3b – 4c – 5b – 6a – 7b – 8a – 9b – 10c – 11c – 12b –
13b – 14c – 15c – 16a

Bildnachweis

S. 5: Ditty_about_summer – Shutterstock; S. 7: GaudiLab – Shutterstock; S. 8: Oksana Shufrych – Shutterstock; S. 9:
EBPhoto – Shutterstock; S.10: Photographee.eu – Shutterstock; S. 13: Zurijeta – Shutterstock; S. 14: Maridav – Shutterstock;
S. 16: Monkey Business Images – Shutterstock; S. 18: Smileus– Shutterstock; S. 19: Poznyakov – Shutterstock; S. 20: Symbiot
– Shutterstock; S. 23: photka – Shutterstock; S. 25: wavebreakmedia – Shutterstock; S. 26: ra2studio – Shutterstock; S. 28:
Timolina – Shutterstock; S. 30: Andresr – Shutterstock; S. 31: BONNINSTUDIO – Shutterstock; S. 32: Giuseppe_R – Shutter-
stock; S. 33: Yeko Photo Studio – Shutterstock; S. 35: Frank Fiedler – Shutterstock; S. 36: Ermolaev Alexander – Shutter-
stock; S. 38: ferrantraite – Istockphoto; S. 40: Jean-Philippe WALLET – Shutterstock; S. Dmitry Kalinovsky – Shutterstock; S.
44: fantom_rd – Shutterstock; S. 45: wavebreakmedia – Shutterstock; S. 47: Neale Cousland – Shutterstock; S. 48: imagedb.
com – Shutterstock; S. 50: lucarista – Shutterstock; S. 51: Levent Konuk – Shutterstock; S. 52: inxti – Shutterstock; S. 54:
Lesya Dolyuk – Shutterstock; S. 55: Syda Productions – Shutterstock; S. 56: AnjelikaGr – Shutterstock; S. 57: imagedb.com
– Shutterstock; S. 59: Colette3 – Shutterstock; S. 62: mkrberlin – Shutterstock; S. 66: Alexander Korobov – Shutterstock; S.
68: S. Kuelcue – Shutterstock; S. 69: Petr Malyshev – Shutterstock; S. 70: Maria Bobrova – Shutterstock; S. 71: Andy.M –
Shutterstock; S. 73: Bildagentur Zoonar GmbH – Shutterstock; S. 76: Adam Gregor – Shutterstock; S. 79: Paul Vasarhelyi
– Shutterstock; S. 81: PedroMatos – Shutterstock; S. 82: Marion Schomer, Erlangen; S. 83: Tom Gowanlock – Shutterstock;
S. 85 oben: Andrey_Popov – Shutterstock; S. 85 unten: APress – imago; S. 86: CREATISTA APress; S. 87: dpa – picture-
alliance

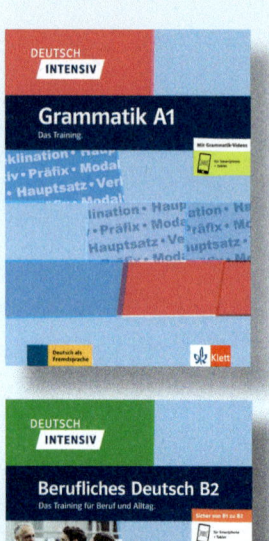